# STUDIENREIHE ZUR BIBEL

## WILLIAM H. SHEA

# DANIEL 1-7

## PROPHETIE UND GESCHICHTE

ADVENT-VERLAG

Titel der amerikanischen Originalausgabe:
The Abundant Life Bible Amplifier, Daniel 1-7
Herausgegeben von George R. Knight
© 1996 by Pacific Press Publishing Association, Boise, Idaho (USA)
Projektleitung: Elí Diez
Übersetzung: Gustav Schopf
Redaktionelle Bearbeitung: Günther Hampel
Theologische Fachberatung: Bruno Ulrich
Korrektorat: Wolfgang Andersch, Reinhard Thäder
Einbandgestaltung: Studio A Design GmbH, Hamburg
Titelfoto: Studio A Design
Karten: dtp-service Gerald Rimarzik, Nienhagen
Satz: DDP

Die Bibelzitate sind – falls nichts anderes vermerkt – der Bibelübersetzung Martin Luthers (Revision 1984) entnommen. Ansonsten bedeutet:

EB = Elberfelder Bibel (rev.)
JB = Jerusalemer Bibel

2. Auflage 2002

© 1998 Advent-Verlag GmbH, Lüner Rennbahn 16, D-21339 Lüneburg
Gesamtherstellung: Grindeldruck GmbH, D-20144 Hamburg
ISBN 3-8150-1281-3

# Inhalt

Diese Studienreihe über biblische Bücher soll helfen, die Bibel besser zu verstehen. Um das zu erreichen, wurden Autoren ausgewählt, die nicht nur fachlich kompetent, sondern auch in der Lage sind, den mitunter schwierigen Stoff allgemeinverständlich darzustellen. Obwohl diese Studienreihe vor allem für interessierte Laien gedacht ist, kann sie auch für Pastoren und Lehrer hilfreich sein. Darüber hinaus wird sie sich in den Gemeinden als nützlich erweisen für Studien- und Hauskreise.

Die Kommentatoren erschöpfen sich nicht darin, Detailwissen zu jedem Bibelvers anzubieten, sondern versuchen, das Verständnis für die Gesamtthematik und die Strukturen des jeweils behandelten biblischen Buches zu wecken und aufzuzeigen, wie sich die einzelne Bibelstelle in den Textzusammenhang (Kontext) einfügt. Diese Arbeitsmethode hat allerdings den Nachteil, daß nicht alle Probleme eines Bibeltextes behandelt und nicht alle Fragen beantwortet werden können. Die Studienreihe bedient sich sowohl induktiver wie auch erklärender Methoden.

Jeder Band dieser Studienreihe gibt das Verständnis des jeweiligen Verfassers wieder. Es ist also nicht notwendigerweise in allen Einzelheiten die „offizielle" Position der Gemeinschaft der Siebenten-Tags-Adventisten repräsentiert.

Der Autor dieses Bandes, Dr. William H. Shea, ist zur Zeit stellvertretender Direktor des Bibelforschungsinstituts (Bible Research Institute) in Silver Spring, Maryland (USA). Zuvor war er Professor für Altes Testament am Theologischen Seminar der Siebenten-Tags-Adventisten an der Andrews-Universität. Der Autor hat auch in Medizin und Orientalistik promoviert. Neben mehreren Büchern hat er eine Vielzahl von Artikeln und Rezensionen für wissenschaftliche Zeitschriften und populärwissenschaftliche Journale geschrieben. Sein besonderes Interesse gilt dem Buch Daniel.

George R. Knight, Herausgeber
Berrien Springs, Michigan

# Vorwort

In den zwanziger Jahren entdeckte der Archäologe Raymond Weill in der Nähe von Jerusalem einige Grabstätten, wahrscheinlich Königsgräber, die für die Geschichtsforschung ganz allgemein, zugleich aber auch für das Verständnis des Buches Daniel von Bedeutung sind. Damals nahm kaum jemand Notiz von diesem Fund, so daß er bald wieder vergessen war. Als aber Anfang 1995 in einer archäologischen Zeitschrift („Biblical Archaeology Review") ein Artikel unter der Überschrift „Ist das Davids Grab?" erschien, wurde das Interesse wieder geweckt.

In dem Beitrag wurde die Frage diskutiert, ob das größte dieser Gräber, das an der Südseite des Friedhofs ausgegraben worden war, möglicherweise König Davids Grabstätte sein könnte. Dafür interessierten sich natürlich eine Menge Leute.

In dem Artikel wurde jedoch nicht erwähnt, daß die Ausgrabungen im nördlichen Teil des Friedhofs noch ein anderes wichtiges Grab zutage gefördert hatten. Es liegt am Anfang eines kurzen Treppenaufgangs und ist dort direkt in den Felsen eingehauen worden. Dieses Grab ist für uns insofern interessant, als eine Inschrift darauf hindeutet, daß hier der Prophet Daniel seine letzte Ruhe gefunden haben könnte.

Unmittelbar über dem Eingang steht das hebräische Wort für „Grab" (qeber). Links davon ist das Wort für „dies" angebracht, so daß der erste Teil der Inschrift lautet: „Dies ist das Grab von ..." Wie zu erwarten, folgt anschließend der Name des Verstorbenen. Links unten steht in einem hebräischen Schriftzug vorexilischer Prägung das Wort „Daniel" (d'any'el), wobei dem Namen erstaunlicherweise die Vokale hinzugefügt worden sind. Das letzte Wort der Inschrift, links unterhalb des Namens, bezeichnet den dort Bestatteten als „Propheten" (nabi). Der ganze Satz lautet also: „Dies ist das Grab des Propheten Daniel."

Ein weiteres Merkmal dieses Grabes ist hochinteressant. Die rechte Seite des Zugangs ist mit einer reliefartigen Darstellung versehen, die einen Mann darstellt, der in eine Grube stürzt. Rechts unten sind zwei Löwen eingemeißelt, ein großer Löwe in der Mitte, und ein kleines Löwenportrait in der rechten unteren Ecke. Der größere Löwe hat sich von dem Mann abgewandt, der kleine schaut ihn zwar an, bedroht ihn aber nicht. Oben ist eine Abbildung plaziert, auf der ein Mann zu sehen ist, der aus einer runden Öffnung herausklettert. Das alles weist deutlich auf den Propheten Daniel und seine Erfahrung in der Löwengrube hin.

Diese Szenen von der Errettung Daniels passen geschichtlich und eschatologisch sehr gut zum Leben des Propheten. Weil Daniel Gott bedingungslos vertraute, kam er aus der Löwengrube wieder heraus. In den letzten Versen des Buches Daniel heißt es darüber hinaus: „Du aber, Daniel, geh hin, bis das Ende kommt, und ruhe, bis du auferstehst zu deinem Erbteil am Ende der Tage!" (Da 12,13) Weil Daniel Gott vertraute und ihm diente, wird ihn auch das Grab nicht für immer festhalten können.

Bis zu dieser Entdeckung war die Lage des Danielgrabes ungewiß. Zwar gab es auch im persischen Susa eine Grabstätte, in der gemäß der Überlieferung die Gebeine des Propheten Daniel liegen sollten, aber stichhaltige Beweise für die Echtheit lagen nicht vor. Durch den Fund in Jerusalem dürfte feststehen, daß Daniel nicht in Persien begraben liegt.

Wie oder wann der Prophet nach Jerusalem gekommen ist, läßt sich nur vermuten. Vielleicht ist er kurz vor seinem Tod aus dem Exil zurückgekehrt und in Jerusalem verstorben. Es könnte aber auch sein, daß seine Gebeine aus Babylon nach Jerusalem überführt und dort bestattet worden sind. Sicher ist, daß er zu Beginn der Herrschaft des Perserkönigs Kyros noch in Babylon lebte (vgl. Da 10,1). Aus den archäologischen Funden geht hervor, daß das Jerusalemer Grab in frühpersischer Zeit errichtet worden ist. Das deutet darauf hin, daß Daniel ziemlich bald nach seinem Tod in

Jerusalem bestattet worden ist – gleichgültig, wo er letztlich gestorben ist. Genauere Untersuchungen des inneren Grabes hat es in letzter Zeit nicht gegeben, aber höchstwahrscheinlich werden keine Gebeine mehr zu finden sein, wie das bei den meisten Gräbern dieses Friedhofs der Fall ist.

Im ersten Band unserer zweibändigen Studie über das Buch Daniel werden wir uns mit den geschichtlichen Kapiteln befassen. Sie beleuchten bestimmte Abschnitte im Leben dieses bemerkenswerten Gottesmannes. Im zweiten Band geht es dann um die prophetischen Kapitel.

Was im Buch Daniel über das Leben des Propheten berichtet wird, hat historischen, biographischen und zugleich theologischen Charakter. Offensichtlich hat Daniel bei der Niederschrift seines Buches bewußt Geschehnisse und Erlebnisse ausgewählt, die Gottes Handeln in seinem Leben und in der Weltgeschichte deutlich werden lassen. Das hat meiner Meinung nach Auswirkungen auf unser Studium des Danielbuches.

Selbstverständlich können wir anhand der biblischen Angaben nachforschen, ob der in Daniel 6 erwähnte „Darius der Meder" tatsächlich eine geschichtliche Persönlichkeit gewesen ist. Viel wichtiger für uns ist es jedoch, zu erkennen, wie Gott zu jener Zeit um Daniels willen in die Weltgeschichte eingegriffen hat. Über die rein historischen Fakten hinaus begegnet uns im Buch Daniel eine sehr viel weiter gespannte Wirklichkeit, in der es um Gottes Handeln in der Geschichte und um seine ewigen Absichten geht.

In diesem Sinne durchdringen sich im Buche Daniel Geschichte und Theologie. Es geht eben nicht nur um Politik und Geschichte aus alter Zeit, sondern um Gottes Handeln in der Weltgeschichte und an seinem Volk, das mitten unter den anderen Völkern lebte.

Außerdem liefern uns die Berichte in diesem Buch den Kontext und den Anfangspunkt für die Prophezeiungen, die wir im zweiten Band dieser Studienreihe behandeln werden. Da Geschichte und Prophetie im Buch Daniel miteinander verwoben sind, dürfen sie auch nicht in zwei voneinander getrennte Bereiche aufgespalten werden. Da die Weissagungen in der Zeit Daniels ihren Anfangspunkt haben, sich aber weit darüber hinaus bis in die Zeit des Endes erstrecken, verschmelzen Geschichte und Prophetie miteinander. Zwei der vier Weltreiche (Babylon, Medien-Persien, Griechenland, Rom), die dem Propheten Daniel gezeigt wurden, kannte er aus eigenem Erleben. Von den beiden anderen war zu seinen Lebzeiten noch nichts zu sehen. Daß sich buchstäblich erfüllte, was er für die Zukunft vorausgesagt hatte, zeigt, daß seine prophetischen Botschaften tatsächlich inspiriert sind.

Schließlich noch ein letzter Grund, warum wir die geschichtlichen Kapitel des Buches Daniel sorgfältig studieren wollen: Aus diesen Abschnitten können wir nämlich eine Reihe von geistlichen Impulsen empfangen. Die Verhaltensweisen Daniels und seiner Freunde inmitten einer heidnischen Kultur können uns helfen, trotz des Neuheidentums unserer Zeit die Beziehung zu Gott zu bewahren. Ihr Leben damals ist ein Modell für die Art, wie wir heute leben sollten: aufrichtig, mutig, glaubenstreu und Gott geweiht.

William H. Shea
Silver Spring, Maryland

## Hinweise

# Wie man dieses Buch benutzen sollte

Diese Studienreihe behandelt jeden größeren Abschnitt eines biblischen Buches aus fünf verschiedenen Blickwinkeln.

(1) *Einstieg.* Hier soll der Leser ermutigt werden, den zu behandelnden Abschnitt in seiner Bibel zu lesen und darüber nachzudenken. Darum wurde der Wortlaut der biblischen Texte ganz bewußt nicht ausgedruckt.

Der Gewinn dieses Bibelstudiums ist dann am größten, wenn man die dem jeweiligen Textabschnitt zugeordneten Aufgaben erfüllt. Das hilft, die Bibel besser kennenzulernen, fördert die Fähigkeit, vorhandene Hilfsmittel zu nutzen, Fragen an den Text zu stellen und die richtigen Antworten zu suchen.

Wenn man Antworten auf Fragen an den Text gefunden hat, sollte man sie schriftlich fixieren und in einem Merkheft oder Ordner aufbewahren. Das Niederschreiben der Gedanken erweitert und vertieft das Verständnis. Der Nutzen solchen Bibelstudiums hängt allerdings auch davon ab, wieviel wir an Zeit, Kraft und Hörbereitschaft investieren.

Die verschiedenen Abschnitte dieses Teils setzen ein Minimum an Hilfsmitteln voraus: eine Lutherbibel (revidierter Text von 1984) mit Landkarten und Angabe von Paralleltexten, eine (ausführliche) Konkordanz sowie ein Bibellexikon (z. B. F. Rienecker, „Lexikon zur Bibel", Bd. 1, Wuppertal; „Das große Bibellexikon", 3 Bände, Wuppertal, 1987-89). Nur so lassen sich die verschiedenen Aufgaben lösen.

(2) *Erklärung.* Dieser Teil dient dazu, die Hauptthemen eines biblischen Buches herauszuarbeiten und darzulegen. Deshalb erfolgt keine Vers-für-Vers-Auslegung, wie das in der Regel bei Bibelkommentaren der Fall ist (z. B. im „Seventh-day Adventist Bible Commentary"). Kennzeichnend für diese Studienreihe ist vielmehr, daß sich die Kommentare mit ziemlich umfangreichen Abschnitten der Schrift (manchmal mit ganzen Kapiteln) befassen. Tatsächlich werden viele Verse und mitunter ganze Abschnitte nur kurz gestreift oder völlig übergangen.

Auch in diesem Teil können nicht alle Probleme erörtert oder Fragen behandelt werden, die aus einem Bibelabschnitt erwachsen können, vielmehr geht es darum, die wichtigsten Themen herauszuarbeiten. Das geschieht auf der Grundlage neuester Erkenntnisse. Dabei wird versucht, möglichst viele der Fragen, die beim „Einstieg in das Wort" entstanden sind, zu beantworten.

(3) *Anwendung.* Dieser Teil soll Hilfestellung dafür geben, das Gelernte und Erkannte im täglichen Leben anzuwenden. Auch sollte man sich wieder Notizen machen.

(4) *Vertiefung.* Dieser Teil ist besonders für diejenigen gedacht, die tiefer in den Bibelabschnitt eindringen möchten und sich für den geschichtlichen Hintergrund und sonstige Zusammenhänge interessieren. Als Hilfsmittel sind hier empfehlenswert: eine gute Bibelkonkordanz, ein Bibellexikon, ein Bibelatlas, verschiedene Bibelübersetzungen, eventuell der „Seventh-day Adventist Bible Commentary".

(5) *Weiterführende Literatur.* Am Ende jedes Kapitels befindet sich ein Hinweis auf weiterführende Literatur. Interessierte Leser können sich anhand dieser Angaben über einschlägige Veröffentlichungen zum Thema informieren. Manche dieser Werke können bei Bedarf per Fernleihe bei Hochschulbibliotheken (z. B. Theologische Hochschule Friedensau) ausgeliehen werden.

## Einführung

# Das Buch Daniel

Wer ein biblisches Buch studieren will, sollte es ganz bewußt und unter Gebet hintereinander durchlesen. Der Umfang des Buches Daniel läßt es zu, daß man es „am Stück" durchliest. Dazu folgende Empfehlungen:

1. *Lege dir ein Merkheft für das Buch Daniel an. Trage ein, was du für den Hauptgedanken oder die wichtigste Aussage jedes Kapitels hältst. Mache dir Gedanken darüber, inwiefern dieser Gedanke dazu beiträgt, das Thema des Buches Daniel zu entfalten.*
2. *Unterstreiche in jedem Kapitel einen Gedanken oder einen Text, der dir für deinen Glaubensweg wichtig erscheint. Schreibe auf, warum dir der Text wichtig ist und welche Hilfe du von ihm erwartest.*

## Daniel und sein Buch

Der Überblick über das Buch Daniel beginnt mit einem kurzen Rückblick auf die Biographie seines Verfassers. Ehe wir uns mit Daniel, dem Propheten, befassen, müssen wir uns ein wenig mit Daniel, dem Menschen, beschäftigen.

Daniel wurde gegen Ende des 7. Jahrhunderts v. Chr. geboren und lebte in Jerusalem oder in der Nähe der Davidstadt. Um die Zeit, als er zum Mann herangereift war, beeinflußten die Kriege und Auseinandersetzungen zwischen den damaligen Großmächten das Schicksal seiner Heimat. Bis zum Jahre 605 v. Chr. stand das

aus der früheren Teilung Israels hervorgegangene Südreich Juda
nominell unter der Herrschaft Ägyptens. In jenem Jahr unterlagen
die Ägypter den Babyloniern in einer entscheidenden Schlacht.
Dadurch geriet auch Juda mit seiner Hauptstadt Jerusalem unter
babylonische Herrschaft. Nebukadnezar II., babylonischer König
und oberster Heerführer, belagerte Jerusalem, machte die Juden
tributpflichtig und hob Geiseln aus, um Verschwörungen vorzubeugen. Daniel war eine dieser Geiseln aus königlichem Geschlecht. Er
und andere jüdische Männer wurden am babylonischen Königshof
zu Staatsbeamten ausgebildet. In diesem Dienst hat sich Daniel über
einen Zeitraum von mehr als sechzig Jahren bewährt.

Doch Gott hatte mit Daniel mehr vor, als ihn nur zum hohen
Beamten in Babylon zu machen. Er berief ihn zum Amt des Propheten und schenkte ihm prophetische Träume und Visionen.
Manche dieser Botschaften waren für die Menschen seiner Zeit
bestimmt. Beispielsweise galten drei göttliche Botschaften den jeweiligen Königen von Babylon.

Diesen Typus von Prophezeiungen, der zeitgenössische Personen
und Probleme behandelt, bezeichnet man als klassische Prophetie.
Wie Jeremia im Auftrag Gottes zu den jüdischen Königen sprechen
mußte, so war Daniel die prophetische Stimme für die babylonischen Herrscher.

Bei anderen Gelegenheiten empfing Daniel Prophezeiungen und
Visionen, die sich mit der künftigen Weltgeschichte befaßten und
weit in die Zukunft reichten. Diesen Typus von Prophetie bezeichnet man gemeinhin als apokalyptische Prophetie, weil sie hauptsächlich die Zukunft enthüllt, d. h. im voraus Aufkommen und Geschichte von Völkern und Mächten umrißartig beschreibt. Daher
wird sie auch als Umrißprophetie bezeichnet.

Abgesehen von den geschichtlichen Erzählungen haben wir es
im Buch Daniel sowohl mit der klassischen wie auch mit der apokalyptischen Prophetie zu tun. Ganz allgemein gesehen besteht das
Buch aus zwei Teilen, einem geschichtlichen und einem prophetischen. Im geschichtlichen Teil begegnen wir der klassischen Prophetie, die sich mit historischen Persönlichkeiten und Ereignissen be-

faßt. Die Prophezeiungen des zweiten Teils tragen mehr apokalyptischen Charakter.

Auch die im Buch Daniel benutzten Sprachen heben den Unterschied zwischen den beiden Hauptteilen hervor. Der größte Teil der geschichtlichen Kapitel ist in Aramäisch geschrieben, wogegen die prophetischen Kapitel durchweg in Hebräisch verfaßt sind. Hebräisch war Daniels Muttersprache, doch im neubabylonischen und persischen Weltreich wurde damals Aramäisch gesprochen und geschrieben, eine mit dem Hebräischen verwandte Sprache. Diese Zweisprachigkeit findet man sonst in keiner anderen biblischen Schrift. Zwar gibt es auch in dem weitgehend hebräisch geschriebenen Buch Esra aramäische Abschnitte, aber dort sind lediglich die königlichen Erlasse in Aramäisch zitiert.

Der zweifache Charakter des Buches Daniel bietet eine geeignete Gliederung für das Studium dieser Schrift. In dieser Reihe wird das Studium des Buches Daniel in zwei Bänden erfolgen. Band 1 behandelt die geschichtlichen Kapitel, Band 2 die prophetischen. Aufgrund des unterschiedlichen Stoffs enthalten sowohl der geschichtliche wie auch der prophetische Band gesonderte Einführungskapitel, die sich ausführlich mit den jeweiligen historischen und prophetischen Fragen befassen. Die Einführung zum historischen Teil beschäftigt sich unter anderem mit der Entstehungszeit des Buches Daniel. Einige Kommentatoren sind der Meinung, das Buch Daniel sei nicht von einer einzigen Person, nämlich dem im 6. Jahrhundert v. Chr. lebenden Daniel, geschrieben worden, sondern von einem unbekannten jüdischen Verfasser des 2. Jahrhunderts. In der Einführung zum geschichtlichen Teil wird zu der Datierungsfrage Stellung genommen.

Auch die Weissagungen im Buche Daniel sind unterschiedlich ausgelegt worden. Im Wesentlichen gibt es drei Auslegungsrichtungen: (1) *Die präteristische.* Diese Interpretationsmethode legt das Hauptgewicht auf die Vergangenheit und lehrt, daß sich der größte Teil der danielschen Prophetie in der Vergangenheit erfüllt hat. (2) *Die futuristische.* Diese Denkrichtung verlegt die Erfüllung von Teilen des Buches Daniel in die Zukunft. (3) *Die historistische.* Diese

Auslegungsrichtung betont die geschichtliche Kontinuität, d. h. die Erfüllung der Weissagungen begann in der Vergangenheit, setzt sich in der Gegenwart fort und reicht zu einem nicht unbeträchtlichen Teil bis in die Zukunft. Sie wird auch als die kontinuierlich-geschichtliche Sicht bezeichnet, weil sie die Weissagungen als Teil eines zusammenhängenden Ganzen in einer fortdauernden Abfolge von der Vergangenheit bis in die Zukunft sieht. In der Einführung zum prophetischen Teil des Buches Daniel werden die Stärken und Schwächen jeder dieser drei Interpretationsschulen beleuchtet. In der Danielauslegung dieser Studienreihe wird die historische Interpretationsmethode angewandt.

Und noch etwas: Zweifellos war Daniel eine herausragende geschichtliche Persönlichkeit und darüber hinaus ein begnadeter Prophet, aber er war zugleich auch ein einfacher Mensch, der persönliche Erfahrungen mit Gott gemacht hat. Das soll bei der Auslegung des Buches Daniel nicht übersehen werden. Deshalb geht es im letzten Kapitel des zweiten Bandes um das wichtige Thema der persönlichen geistlichen Erfahrung Daniels als eines auserwählten Werkzeugs Gottes.

Die Marschrichtung dieses Danielkommentars läßt sich demnach mit drei Begriffen umschreiben: Geschichte, Prophetie und geistliche Erfahrung.

## Eine Bemerkung zur Reihenfolge der behandelten Kapitel

Die zwölf Kapitel des Buches Daniel werden in der vorliegenden Auslegung aus methodischen Gründen nicht immer in der gewohnten und eigentlich vom biblischen Text vorgegebenen Reihenfolge behandelt.

Daniel selbst hat seine Schrift nicht streng chronologisch aufgebaut. Das läßt sich leicht an den Zeitangaben im Buch Daniel erkennen. Beispielsweise ist in den Kapiteln 7 und 8 von Weissagungen die Rede, die er zeitlich vor den in Kapitel 5 und 6 geschilderten geschichtlichen Ereignissen erhalten hat. Obwohl alle Ereignisse, die im Buch Daniel berichtet werden, insofern historisch sind, als sie tatsächlich stattgefunden haben, hat der Verfasser in gewisser Absicht offenbar bestimmte historische Fakten anders eingeordnet, als es vom zeitlichen Ablauf her zu erwarten wäre. Bis zu einem gewissen Grad richtet sich diese Studie über das Buch Daniel mehr nach der Gedankenfolge als nach der Abfolge der Kapitel. Praktisch bedeutet das: In Band 1 werden die behandelten Kapitel in einer etwas abweichenden Anordnung dargeboten. Die Kapitel 2 und 7 sind zu einem Paar zusammengefaßt, weil sie sich mit Weissagungen über die Völker befassen. Die Kapitel 3 und 6 werden gemeinsam behandelt, weil es in beiden Abschnitten um das Thema Verfolgung der Juden im Exil geht. Die Kapitel 4 und 5 sind zu einem Paar zusammengefaßt worden, weil sie von den babylonischen Königen Nebukadnezar II. und Belsazar handeln.

Dieser Typus einer spiegelbildlichen Anordnung wird als Chiasmus bezeichnet (abgeleitet vom griechischen Buchstaben Chi, der wie ein X aussieht; gemeint ist die Umkehrung der Wortfolge oder sonstiger paralleler literarischer Elemente). Daß dies der Absicht des Verfassers entspricht, läßt sich aus der Tatsache schließen, daß er genau diese sechs geschichtlichen Kapitel in Aramäisch niedergeschrieben hat.

Wenn wir zu den prophetischen Kapiteln kommen, ist die Abfolge nicht spiegelbildlich, sondern in der Reihenfolge umgekehrt. Deshalb haben wir für das Studium der drei prophetischen Hauptkapitel im Buch Daniel eine in der Reihenfolge umgekehrte Anordnung gewählt. Wir beginnen mit Kapitel 9, gehen zu Kapitel 8 über, dem Kapitel 7 folgt, und beenden diesen Teil schließlich mit einer Zusammenfassung der drei Kapitel. Der Grund für dieses Vorgehen ist in der Gedankenführung der Texte zu suchen und nicht in ihrer chronologischen oder geschichtlichen Abfolge.

Wenn man die Geschehnisse, auf die diese Weissagungen hinweisen, betrachtet, muß Kapitel 9 zuerst behandelt werden, weil es sein besonderes Augenmerk auf den Messias richtet. Der Inhalt von Kapitel 8 reicht bis weit in das christliche Zeitalter hinein, aber erst

in Kapitel 7 zieht die Prophetie die Linie bis zum ewigen Gottes-
reich aus, das die Heiligen des Höchsten einnehmen und besitzen.
Die Entscheidung, dieser Gedankenführung zu entsprechen, hat
also einen bestimmten Grund und sollte nicht als Marotte eines
modernen Bibelauslegers verstanden werden, der sich von anderen
abheben möchte. Im abendländischen Denken sind wir es gewohnt,
von der Ursache auf die Wirkung zu schließen. Wir sammeln alle
verfügbaren Daten und entwickeln daraus eine Hypothese, die
schließlich zu einer Theorie verfestigt wird. Das ist die moderne,
wissenschaftliche Methode.

Die Menschen in alter Zeit gingen jedoch nicht modern-
wissenschaftlich vor, sondern beschritten diesbezüglich andere Wege. Auch sie konnten in chronologischer Abfolge denken, aber
normalerweise war die Wirkung Ausgangspunkt ihrer Überlegun-
gen, von der sie auf die Ursache schlossen. Häufig stellten Propheten eine bestimmte Sachlage so dar, daß sich die Hörer zwangsläufig fragten: „Warum geschah das?" Diese Frage führte dann zur
Ursache zurück. Wenn ein Prophet voraussagte: „Dieses Land wird
vernichtet und wüst gelassen werden!" fragten sich die Zuhörer:
„Warum soll das Land vernichtet werden?" Die Antwort ergab sich
gewöhnlich daraus, daß die Menschen, zu denen der Prophet gesandt wurde, abtrünnig und aufrührerisch waren, da sie den Bund
mit Gott gebrochen hatten.

Als Beispiel für eine solche Vorgehensweise seien Jeremia 4 bis 7
und Micha 1 angeführt. Die Ursache für die angedrohte Vernich-
tung Israels war die beispiellose Untreue und Bosheit des Volkes,
doch der Prophet spricht nicht zuerst darüber, sondern zeigt die
Folgen auf. Damit wollte er die Zuhörer offensichtlich dazu bewegen, über die Gründe der Gerichtsandrohung nachzudenken.

Diese Denkweise kommt auch in den drei zentralen Weissagungen des Buches Daniel zum Ausdruck. Würde sich Daniel mit diesen Botschaften an Zuhörer von heute wenden, griffe er wahrscheinlich zuerst auf Kapitel 9 zurück, weil sich dieser Abschnitt mit den
Ereignissen beschäftigt, die zuerst geschehen sollen. Dann würde er
sich vermutlich Kapitel 8 zuwenden, weil diese Weissagung Ereig-

nisse schildert, die anschließend folgen sollen. Schließlich würde er zu Kapitel 7 übergehen, weil dort alle Weissagungen ihren eigentlichen Höhepunkt erreichen. Nur wenn die Weissagungen in dieser gedanklichen Abfolge dargestellt werden, wird der moderne Mensch ihre wahre Bedeutung und den inneren Zusammenhang erkennen – etwas, was dem vom antiken Denken geprägten Hörer oder Leser sehr viel leichter gefallen sein dürfte als uns.

Die letzte größere Prophezeiung im Buch Daniel bilden die Kapitel 10 bis 12. Kapitel 10 bildet die Einführung oder den Prolog zu dieser abschließenden Prophetie. Kapitel 12 enthält das Schlußwort oder den Epilog. Den Kern oder das Herzstück – die eigentliche Prophetie – bietet das Kapitel 11. Es birgt viele wichtige Einzelheiten und hält sich dabei an eine historische und chronologische Abfolge.

Im Buch Daniel finden sich vier große apokalyptische Weissagungen (Kap. 2,7.8.11). Diese Prophezeiungen zeigen den Aufstieg und Untergang der Völker seit den Tagen Daniels bis zum Ende der Zeit.

Eine andere große Prophezeiung steht am Schluß von Kapitel 9. Sie beschäftigt sich ausschließlich mit Daniels Heimat, Jerusalem und Juda. Obwohl sich die Geschehnisse in dieser Weissagung parallel mit denen der großen apokalyptischen Prophezeiungen vollziehen, lenken sie das Augenmerk auf einen besonderen Teil jener Welt, der in den anderen Prophezeiungen nicht erwähnt wird – es geht um die Geschichte des jüdischen Volkes bis hin zum Erscheinen des Messias.

Die Tatsache, daß sich die vier apokalyptischen Prophezeiungen Daniels mit denselben Nationen befassen, bezeichnet man als Rekapitulation oder Parallelismus. Wie sich die vier Evangelien aus unterschiedlichen Blickwinkeln mit denselben Geschehnissen befassen, so verhält es sich auch mit den vier sich ergänzenden apokalyptischen Prophezeiungen. Im Prinzip geht es jeweils um dasselbe Territorium, aber es werden jedesmal mehr spezifische Einzelheiten hinzugefügt, aus denen sich letztlich ein Gesamtbild ergibt. Die Darstellung beginnt mit der grundlegenden und weiträumigen Ausführung in Kapitel 2, wo die Nationen in Form eines Standbildes aus unterschiedlichen Metallen dargestellt werden, und wird dann immer spezieller. In Kapitel 11 schließlich geht es um einzelne Könige jeder Nation und deren Aktivitäten. Die Perspektive von Kapitel 2 könnte mit einem Teleskop verglichen werden, während die von Kapitel 11 an ein Mikroskop erinnert.

Das Schlußkapitel des zweiten Bandes über das Buch Daniel befaßt sich mit dem Thema der persönlichen geistlichen Beziehung zwischen Gott und Menschen bzw. umgekehrt. Dieses Element ist nicht so sehr in der Prophezeiung an sich zu finden, sondern zeigt sich in der Erfahrung des Propheten. Ich halte diesen Gesichtspunkt für nicht weniger wichtig als die prophetische Botschaft des Buches Daniel.

## Inhalt des Buches Daniel

Gewöhnlich hält man sich strikt an die in der Bibel vorgegebene Reihenfolge des Textes. Der Inhalt des Buches Daniel läßt sich dann folgendermaßen gliedern:

I. Daniels Exil (1,1-21).
II. Nebukadnezars Traum: Eine apokalyptische Prophezeiung (2,1-49).
III. Das große Standbild: Daniels Freunde gerechtfertigt (3,1-30).
IV. Der Wahnsinn des Königs: Nebukadnezars Krankheit (3,31 bis 4,34).
V. Die Nacht, in der Babylon fiel: Belsazars Ende (5,1-31).
VI. Daniel in der Löwengrube (6,1-28).
VII. Daniels Traum: Eine apokalyptische Prophezeiung (7,1-28).
VIII. Daniels Vision: Eine apokalyptische Prophezeiung (8,1-27).
IX. Die 70 Wochen: Gabriels Weissagung über die Juden (9,1-27).
X. Gott erscheint Daniel (10,1-21).

XI. Gabriels Prophezeiung: Eine apokalyptische Prophezeiung
(11,1-45).

XII. Epilog: Angaben zu vorangegangenen Prophezeiungen
(12,1-11).

Da wir uns entschlossen haben, beim Studium des Buches Daniel eine literarische und thematische Abfolge zu wählen, ergibt sich daraus folgende Gliederung:

I. Im Exil (1,1-21).
II. Gefallene Könige (4,1 bis 5,31).
III. Verfolgung (3,1-30; 6,1-28).
IV. Gefallene Königreiche (2,1-49; 7,1-28).
V. Christus als Opfer (9,1-27).
VI. Christus als Priester (8,1-27).
VII. Christus als König (7,1-28).
VIII. Die Schlußbotschaft (10,1 bis 12,13).

## 📖 WEITERFÜHRENDE LITERATUR

1. Einen umfassenden Überblick über die unterschiedlichen Auslegungen des Buches bietet der Artikel „History of the Interpretation of Daniel" in „The Seventh-day Adventist Bible Commentary", Bd. 4, S. 39-78.

2. Wer an einer neueren, allgemeinverständlichen Darlegung von Daniels Prophezeiungen interessiert ist, dem sei empfohlen: C. Mervyn Maxwell, „God Cares", Bd. 1.

3. Eine ältere, mehr ins Detail gehende Auslegung des Buches Daniel, stammt von Uriah Smith: „Thoughts on Daniel".

# Kapitel 1

# Interpretation der Geschichte

Die erste Hälfte des Buches Daniel (Kap. 1-6) ist im wesentlichen geschichtlich orientiert. Sie enthält zwar auch prophetische Botschaften, aber die historisch-erzählenden Aussagen überwiegen bei weitem. Dieser Teil wirft einige wichtige Fragen auf:

- Welche Geschichtsschau hat die Bibel?
- Welche Sichtweise hatte Daniel von der Geschichte?
- Bezieht sich das Buch Daniel auf die neubabylonische Geschichte oder eine spätere Zeit?
- Welches Verhältnis hat Gott zur Geschichte? In welcher Weise gestaltet er sie?

Das alles ließe sich auch in zwei Fragen zusammenfassen:

1. Greift Gott wirklich aktiv in die Geschichte der Menschheit ein oder hat er sich längst zurückgezogen und überläßt die Erde ihrem Schicksal?
2. Um welchen geschichtlichen Zeitraum geht es im Buch Daniel?

Die zweite Frage betrifft mehr den geschichtlichen Charakter als die Geschichte an sich. Die Antwort läßt sich unschwer aus dem Text selbst entnehmen. Das Buch Daniel präsentiert sich als ein Bericht über die Erfahrung einiger Menschen, die um die Wende vom 7. zum 6. vorchristlichen Jahrhundert z. Zt. des neubabylonischen Reiches lebten. Vielen reicht diese Antwort freilich nicht, denn sie fragen: Ist das Buch Daniel tatsächlich ein wahrer Bericht von Geschehnissen, die sich im 6. Jahrhundert v. Chr. ereignet haben? Oder stammt das Buch von einem anderen, späteren und anonymen Schreiber, der nur den Eindruck erwecken wollte, als habe sich das alles im 6. Jh. v. Chr. abgespielt? Viele zeitgenössische Kommentare vertreten die Auffassung, daß Gott nicht in die Geschichte der Menschheit eingreift. Sie verwerfen die Verfasserschaft des Propheten Daniel und schreiben das Werk einem ungenannten Juden aus dem 2. Jahrhundert v. Chr. zu. Die meisten Bibelausleger sind deshalb davon überzeugt, daß das Buch Daniel die Situation im 6. Jh. v. Chr. nicht historisch exakt und zuverlässig beschreibt. Damit wird Daniel meiner Meinung nach ein zweites Mal in die Grube geworfen, diesmal allerdings nicht den Löwen, sondern den Kritikern zum Fraß.

## Die biblische Sicht der Geschichte

Die Frage, ob Gott tatsächlich gestaltend in die Geschichte der Menschheit eingreift, ist philosophischer Art. In ihr ist aber zugleich die Frage nach der biblischen Sicht der Geschichte enthalten. Das führt zum Kern der Sache und läßt den Bibelleser nach dem eigentlichen Charakter dieses biblischen Buches und der Bibel überhaupt fragen.

Was ist die Bibel eigentlich? Oder im Blick auf das Buch Daniel: Was ist das Alte Testament? Es ist eine Offenbarung des Wesens, des Willens und der Absichten Gottes. Aber es ist zugleich mehr als das. Es enthält eine Geschichte, die im ersten Buch Mose mit der Schöpfung beginnt und mit den Berichten Esras und Nehemias zur Zeit des persischen Reichs endet. Insgesamt ein Zeitraum von mehr als zweitausend Jahren. Aber diese Geschichte ist weit mehr als ein bloßer Bericht dessen, was sich damals ereignet hat. Vielmehr geht es um eine besondere Auffassung von der Geschichte. Diese Sicht ist auf das engste verknüpft mit Gott, dem Hauptakteur der Geschichte. Sie ist, wie es ein Theologe treffend ausdrückte, ein Bericht von den „mächtigen Taten Gottes". Während der gesamten alttestamentlichen Zeit war Gott der Handelnde, der den Menschen nahe war, sie führte und leitete und sie wissen ließ, wie das Heil zu erlangen ist. Diese Sicht der Geschichte spiegelt sich auch im Buch Daniel wider. Der Bericht beginnt mit der ersten Einnahme Jerusalems durch Nebukadnezar II. Dieses Ereignis muß für viele Juden ein traumatisches Erlebnis gewesen sein. Dennoch führte Gott hinter all dem seine Absichten aus. Er ließ es zu, daß Jerusalem und Juda erobert wurden, weil der König gottlos, das Volk abtrünnig und die Gesellschaft sittlich verwahrlost war. Doch trotz dieser Tragödie blieb Gott der Handelnde, indem er aus Bösem Gutes entstehen ließ. Die Deportation jüdischer Geiseln trug dazu bei, daß Daniel und seine Freunde zu vollmächtigen Glaubenszeugen am Hof des bedeutendsten Herrschers jener Zeit wurden. Auf der einen Seite gab Gott König Jojakim in Nebukadnezars Hand, aber zugleich schenkte er Daniel und seinen Freunden Gnade vor demselben Herrscher. Das berechtigt durchaus dazu, in den persönlichen Erfahrungen einzelner sowie in denen des gesamten Volkes jener Zeit, Gott am Werk zu sehen. Durch das, was Daniel damals als Zeitzeuge auf Gottes Geheiß und dazu von Gott informiert niederschrieb, ist es uns heute möglich, den Herrn der Geschichte und sein Eingreifen in die irdischen Verhältnisse um so deutlicher zu erkennen.

Dabei wird offenbar, daß er nicht nur die Geschicke der Welt beeinflußt, indem er sich in die Geschichte der Völker einmischt, sondern daß er auch direkt in das Leben einzelner Menschen eingreift. Daniels Freunde erlebten das, als er sie aus dem feurigen Ofen herausholte (Da 3). Im Falle Daniels sehen wir, daß Gott ständig am Werke war. Ganz deutlich wurde das, als ihn der Herr mitten im Löwengraben vor dem sicheren Tod bewahrte (Da 6). So wirkt Gott einerseits durch geschichtliche Ereignisse auf der Völkerebene, zugleich beeinflußt er die Menschen aber auch ganz persönlich.

Die Prophezeiungen im Buche Daniel sind ein dritter Weg, auf dem Gott in die Geschicke der Welt und in das Leben des einzelnen eingreift. Die vier großen apokalyptischen Prophezeiungen in Daniel 2,7,8 und 11 sind eine Vorausschau. Sie beginnen in der Zeit Daniels und führen durch alle Zeitalter der Geschichte hindurch – bis hin zum Kommen Christi. Gott zeigt nicht nur gelegentlich Interesse am Verlauf der Geschichte, er greift auch nicht nur hin und wieder regulierend ein, sondern er lenkt die Geschicke der Welt. Das Buch Daniel bezeugt, daß es einen liebenden Gott gibt, in dessen Händen letztlich alles zusammenläuft.

Die Weltsicht der Bibel, speziell des Buches Daniel, ist allerdings kaum mit dem modernen, philosophischen Denken zu vereinbaren. Die heutige Weltsicht gründet sich nicht auf die Heilige Schrift, sondern weithin auf die griechische Philosophie. Darüber hinaus ist sie geprägt durch die revolutionären Umwälzungen im Denken, die sich im 18. Jahrhundert, dem Zeitalter der Aufklärung, vollzogen haben.

Ausgehend von physikalischen Modellen, die sich auf mathematische Erkenntnisse Sir Isaac Newtons und anderer Wissenschaftler stützten, gelangte man zu der Anschauung, daß der menschliche Verstand völlig ausreichend sei und es deshalb keiner von außen kommenden Erkenntnisquelle oder Inspiration – zum Beispiel eines Gottes – bedürfe. Eine Zeitlang wurde Gott noch am Rand der menschlichen Erfahrung geduldet, etwa im Deismus, einer Geistesrichtung, die in Gott eine Art Uhrmacher sah. Die Deisten lehrten, Gott habe die Welt geschaffen, sie dann wie eine Uhr aufgezogen und schließlich gemäß den ihr innewohnenden Gesetzmäßigkeiten laufen lassen. Aufgabe der Wissenschaft sei es nun, diese Naturgesetzlichkeiten zu erforschen.

Mitte des 19. Jahrhunderts betrat die Evolutionstheorie den Schauplatz des Geschehens. Sie vertrieb Gott sogar aus der bescheidenen Rolle, die der Deismus ihm noch zugestanden hatte. Nun brauchte man nicht einmal mehr einen Uhrmacher, denn man meinte beweisen zu können, daß sich alles von selbst entwickelt hatte. Das führte zu einer direkten Konfrontation des biblischen Denkens mit dem rationalistischen Humanismus. Die Bibel sagt: Über allem und vor allem ist Gott, der sich uns offenbart hat. Der rationalistische Humanismus behauptet: Weil es gar keinen Gott gibt, kann er sich auch nicht offenbaren. Deshalb steht auch seit gut anderthalb Jahrhunderten die Bibel im Kreuzfeuer der Kritik. Bestimmte Teile der Heiligen Schrift, nämlich die vorausschauende Prophetie, dürften als Beweis dafür gelten, daß Gott doch existiert und sich auch offenbart. Daß ein gut informierter Mensch den Gang der Dinge über kurze Zeiträume einigermaßen zutreffend voraussagen könnte, liegt im Bereich des Möglichen. Daß aber jemand, dem nur natürliche, menschliche Quellen zur Verfügung stehen, Entwicklungen vorhersieht, die sich nach mehr als einem halben Jahrtausend buchstäblich erfüllen, ist völlig unmöglich. Genau das geschieht aber im Buch Daniel und in anderen prophetischen Schriften der Bibel. Solche vorausschauende Prophetie läßt sich nur erklären, wenn man auf übernatürliche Quellen und Einwirkungen zurückgreift. Deshalb spielt die vorausschauende Prophetie in der Diskussion zwischen den Befürwortern und den Kritikern des biblischen Geschichtsverständnisses nach wie vor eine große Rolle.

Wer Gott oder das Eingreifen Gottes in die Geschichte dieser Welt leugnet, muß zukunftsorientierte prophetische Aussagen entkräften oder eine natürliche Erklärung für die biblische Prophetie finden. Das eine geschieht, indem man nachzuweisen versucht, daß sich die vorausgesagten Entwicklungen oder Ereignisse nie erfüllt haben. Allerdings ist dieser Beweis kaum zu erbringen, denn wie wir später am Beispiel der danielschen Prophezeiungen zeigen werden, haben sich biblische Vorhersagen zweifelsfrei erfüllt.

Es gibt aber noch eine andere Möglichkeit, die vorausschauenden Elemente eines prophetischen Buches zu entwerten, indem man nachweist, daß die angeführten örtlichen und historischen Gegebenheiten nicht den Tatsachen entsprechen. Die Angaben im Buch Daniel deuten beispielsweise darauf hin, daß diese prophetische Schrift im 6. Jahrhundert v. Chr. in Babylon verfaßt worden sein muß. Wenn sich nun nachweisen ließe, daß die Darstellung des geschichtlichen Umfelds und der damaligen gesellschaftlichen Verhältnisse nicht zutrifft, könnte man auch die prophetischen Aussagen als Hirngespinste oder reine Erfindungen abtun. Mit anderen Worten, eine Möglichkeit, den prophetischen Teil des Buches Daniel zu entwerten, besteht darin, zunächst einmal die Zuverlässigkeit seines geschichtlichen Teils in Frage zu stellen.

Wenn dieses Argument zutreffend ist, muß man natürlich auch seine Umkehrung gelten lassen. Konkret heißt das: Wenn sich nachweisen läßt, daß der geschichtliche Teil des Buches Daniel zuverlässig ist, kann man die prophetischen Aussagen nicht einfach als Spekulationen oder Fälschungen abtun. Deshalb wenden wir uns nun der Frage nach der historischen Zuverlässigkeit des Buches Daniel zu.

## Die historische Zuverlässigkeit des Buches Daniel

Viele Kritiker, die ein Eingreifen Gottes in die Geschichte und damit auch die Möglichkeit vorausschauender Prophetie leugnen, versuchen, diese vorausschauenden Elemente in der Prophetie Daniels dadurch auszuheben, daß sie auf angebliche historische Unstimmigkeiten verweisen. Wer daran festhält, muß sich den vorgebrachten Einwänden stellen und die historische Zuverlässigkeit Daniels nachweisen.

Wir glauben, daß das Buch Daniel auch in seinen geschichtlichen Aussagen zuverlässig ist und werden dafür im folgenden den Beweis antreten. Dazu greifen wir die fünf wichtigsten Einwände der Kritiker auf. Dabei wird sich zeigen, daß es im Buch Daniel in Wirklichkeit gar keine historischen Unstimmigkeiten gibt, sondern nur Verständnisschwierigkeiten auf Seiten der modernen Historiker.

Bevor wir uns im einzelnen mit den Einwänden gegen die historische Zuverlässigkeit des Buches Daniel befassen, muß noch etwas zu den Denkvoraussetzungen gesagt werden, die ihnen zugrunde liegen.

Gelehrten, die das Buch Daniel vom Standpunkt des rationalistischen Humanismus aus interpretieren, ist es nicht möglich, eine übernatürliche Offenbarung in ihrem Gedankengebäude unterzubringen. Deshalb können sie nicht daran glauben, daß Daniels Prophezeiungen tatsächlich aus dem 6. Jahrhundert v. Chr. stammen und Ereignisse voraussagen, die sich erst Jahrhunderte später erfüllen sollten. Dieser Schwierigkeit ging man dadurch aus dem Wege, daß man behauptete, das Buch Daniel sei nicht im sechsten, sondern im 2. Jahrhundert v. Chr. geschrieben worden. Der unbekannte Verfasser soll um 165 v. Chr. während der Herrschaft des Syrerkönigs Antiochus IV. Epiphanes in Jerusalem gelebt haben.

Antiochus IV. war ein erklärter Feind des Judentums. Er reizte die rechtgläubigen Juden bis aufs Blut, indem er den Tempel entweihte, die Gottesdienste verbot und sich Zugang zum Tempelschatz verschaffte. Aus dieser Situation heraus, so argumentieren manche Gelehrten, sei das Buch Daniel entstanden, und die meisten Prophezeiungen zielten auf eben jenen Antiochus IV. und seinen Kampf gegen die Juden. Im übrigen handle es sich gar nicht um wirkliche Voraussagen, denn das Buch Daniel sei nur in der literarischen Form einer prophetischen Schrift verfaßt worden. Das heißt, dem, was der Verfasser im 2. Jahrhundert v. Chr. niederschrieb, liegen Ereignisse zugrunde, die sich in seiner Zeit und in seiner Umgebung abgespielt haben. Um den Anschein zu erwecken, es handle sich um echte Prophetie, habe der Autor so getan, als stamme das Werk aus dem 6. Jahrhundert und sei vom Propheten Daniel geschrieben worden.

Wenn der Verfasser des Buches Daniel tatsächlich im 2. Jahrhundert v. Chr. gelebt hätte, wäre es ihm natürlich nicht möglich gewesen, die babylonische Geschichte des 6. Jahrhunderts in jeder Hinsicht zutreffend zu schildern. Unstimmigkeiten in bezug auf geschichtliche Ereignisse und hinsichtlich der damaligen Gegebenheiten müßten demzufolge als Beweis für eine spätere Entstehungszeit des Buches Daniel angesehen werden. Damit stünde zugleich fest, daß es in seinen prophetischen Teilen kein wirklich vorausschauendes Element gibt.

Nun wollen wir uns den fünf wichtigsten Beispielen zuwenden, die immer wieder als historische Unstimmigkeiten im Buche Daniel angeführt werden.

28

## 1. Die Zeitangabe in Daniel 1,1

Die Zeitangabe für die erste Belagerung Jerusalems durch Nebukadnezar lautet in Daniel 1,1: „Im dritten Jahr der Herrschaft Jojakims, des Königs von Juda, zog Nebukadnezar, der König von Babel, vor Jerusalem und belagerte es." Kritische Gelehrte behaupten,
daß das richtige Datum in Wirklichkeit das vierte Jahr Jojakims (605
v. Chr.) sei, wenn man es mit den Ereignissen in Beziehung setzt,
die in Nebukadnezars eigener Chronik verzeichnet sind.

Die Abfolge der Ereignisse gestaltete sich folgendermaßen: Josia,
der König von Juda, fiel im Sommer 609 v. Chr. in der Nähe von Megiddo im Kampf gegen Pharao Necho. Der Ägypter befand sich auf
einem Feldzug gegen Babylon, als Josia sich ihm in den Weg stellte
(vgl. 2 Kön 23,29). Ein genaues Datum für diese Militäraktion Nechos
findet sich in der babylonischen Chronik, dem offiziellen Bericht
über die ersten elf Herrschaftsjahre Nebukadnezars II. Bei seiner
Rückkehr aus Nordsyrien im Herbst desselben Jahres, setzte Necho
Joahas von Juda ab und verschleppte ihn nach Ägypten (vgl. 2 Kön
23,33-35). Zugleich machte er Jojakim zum König von Juda (Vers 34).

Das chronologische Problem ergibt sich daraus, daß die Einset-
zung Jojakims als König, nach dem Rosch Haschana, dem Neujahrsfest im Herbst, erfolgte. Daher begann das erste offizielle Jahr
der Herrschaft Jojakims im Herbst des Jahres 608 v. Chr. Die Zeitspanne vor dem Neujahrsfest bezeichnete man als das „Thronbe-
steigungsjahr" oder das Jahr Null. Deshalb begann das in Daniel 1,1
erwähnte dritte Jahr Jojakims im Herbst 606 v. Chr. und dauerte bis
zum Herbst 605. Im Frühjahr dieses Jahres kämpfte Nebukadnezar
in Syrien in der Schlacht von Karchemisch (Jer 46,2). Im Sommer
605 zog er gegen Jerusalem, zu einer Zeit also, bevor Jojakims vier-
tes Jahr der Herrschaft im Herbst begann.

Wenn man daher dieses Datum nach dem Berechnungsprinzip
der Thronbesteigungsjahre und entsprechend dem jüdischen Kalen-
derjahr (Herbst zu Herbst) ansetzt, stellt sich das angegebene Datum
historisch exakt als das jüdische Jahr von Herbst 606 zu Herbst 605
heraus.

## 2. Belsazar als König von Babylon

Ein weiterer Kritikpunkt ist die in Daniel 5 erwähnte Gestalt des Belsazar. Aus unterschiedlichen historischen Quellen geht eindeutig hervor, daß der letzte König des neubabylonischen Reichs Nabonid war und nicht Belsazar. Daniel 5 schildert aber Belsazar als den König, der in Babylon herrschte, als die Stadt im Handstreich von den Persern erobert wurde.

Das Wissen um die Existenz Belsazars ging schon im Altertum verloren, und das blieb so bis zum Jahr 1861. Mehr als zwei Jahrtausende lang schwiegen sich die primären historischen Quellen über Belsazar aus. Kein Wunder, daß über diesen in der Weltgeschichte unbekannten Herrscher eine Menge Theorien in Umlauf waren. Besonders im 18. und 19. Jahrhundert wurde viel über seine Identität spekuliert. Dann wurde 1861 der Text einer Keilschrifttafel veröffentlicht, in dem zum ersten Mal außerhalb der Bibel der Name Belsazar erwähnt war.

Zwanzig Jahre später wurde die Chronik Nabonids veröffentlicht, aus der zu ersehen war, daß Belsazar einige Jahre hindurch die Regierungsgeschäfte in Babylon geführt hatte, weil sich sein Vater Nabonid in Arabien aufhielt. Schließlich wurde 1924 noch ein Keilschrifttext bekannt, der heute als „Gedicht Nabonids" bezeichnet wird. Dort heißt es unter anderem, daß Nabonid, als er Babylon verließ, das „Königtum seinem Sohn Belsazar übergab". All diese in den letzten Jahren gefundenen Keilschrifttafeln bezeugen, welche Rolle Belsazar im 6. Jahrhundert v. Chr. auf politischem und militärischem Gebiet gespielt hat.

Solche Funde zwangen die Kritiker in dieser Frage schließlich zum Rückzug. Einer schrieb freimütig: „Vermutlich werden wir niemals erfahren, wie der Verfasser des Buches von diesen Dingen Kenntnis erlangen konnte." Er meinte natürlich den unbekannten Autor aus dem 2. Jahrhundert. Da wäre eine solche Frage tatsächlich angebracht. Wenn man jedoch das Buch Daniel selbst als Beweisquelle in Betracht zieht, löst sich das Problem in Luft auf. Die Antwort lautet dann nämlich: Der Autor dieses prophetischen Buches lebte tatsächlich im 6. Jahrhundert in Babylon und schrieb als Augenzeuge. Alles spricht dafür, daß es wirklich Daniel selbst war.

Um ihre Vorbehalte trotz solcher Funde aufrechterhalten zu können, schlachten die Kritiker einen anderen Aspekt dieses Problems aus. Sie bemängeln, daß es keine einzige babylonische Quelle gibt, die Belsazar als „König" bezeichnet. Das ist tatsächlich so. Aber was bedeutet das schon, wenn man bedenkt, daß es in dem Gedicht Nabonids heißt, daß er Belsazar das „Königtum übergab"? Den Hebräern der damaligen Zeit war die Praxis der Mitregentschaft geläufig. David hatte beispielsweise seinen Sohn Salomo mit auf den Thron gesetzt, so daß Israel eine Zeitlang von zwei Königen regiert wurde. Das war durchaus nicht ungewöhnlich und kam in der Geschichte Israels mehrfach vor. Deshalb bezeichnete Daniel den Belsazar einfach als „König", weil der die Stellung eines Königs einnahm und auch als König amtierte. Diese Angabe ist nicht nur historisch korrekt, sondern deutet ebenfalls auf einen Augenzeugenbericht hin, denn später wußte niemand mehr, daß Nabonid seiner Hauptstadt zehn Jahre lang fern gewesen war, und daß sein Sohn Belsazar während dieser Zeit regierte.

Und noch ein kleines, aber wichtiges Detail in Daniel 5 zeigt, wie exakt Daniels Wissen über Belsazar und sein Schicksal tatsächlich war. Daniel teilt mit, wer in jener Nacht im Königspalast anwesend war und wer nicht. Belsazar, der Regent, war anwesend, Nabonid, der Hauptkönig, dagegen nicht. Wer könnte über diesen Tatbestand etwas aussagen, wenn nicht der Augenzeuge? Ein vierhundert Jahre später lebender Autor hätte in Unkenntnis der Existenz Belsazars mit an Sicherheit grenzender Wahrscheinlichkeit Nabonid, den eigentlichen König, in den Palast versetzt. Daniel beging diesen Fehler nicht. Die Nabonid-Chronik erwähnt übrigens, daß Nabonid damals mit einem Teil des babylonischen Heeres den Tigris entlangzog, um östlich der Hauptstadt gegen Kyros und seine Truppen zu kämpfen. Belsazar blieb zum Schutz Babylons mit dem anderen Teil des Heeres zurück. Nur er konnte bei dem nächtlichen Mahl im Festsaal anwesend gewesen sein. Solche scheinbar nebensächlichen Details im biblischen Text zeigen, wie genau der Verfasser die damalige Situation kannte und wie historisch zuverlässig deshalb das Buch Daniel ist.

### 3. Ein eigenständiges Mederreich?

Jahrhundertelang haben Bibelausleger die in Daniel 2 und 7 erwähnten vier Königreiche auf Babylon, Medien-Persien, Griechenland und Rom bezogen. Da aber im Buch Daniel ein König namens „Darius, der Meder" erwähnt wird, argwöhnten kritische Gelehrte, der Schreiber des Buches Daniel müsse der Meinung gewesen sein, daß es nach dem Fall Babylons ein Mederreich gegeben habe. In diesem Fall lautete die Reihenfolge der vier Reiche: Babylon, Medien, Persien, Griechenland. Dadurch endete die Zuordnung nicht mit Rom, sondern ließ sich auf Antiochus IV. Epiphanes deuten. Das, so argumentieren sie, entspreche genau dem, was ein Verfasser im 2. Jahrhundert v. Chr. geschrieben hätte. Damit aber sei er einem historischen Irrtum erlegen, da es nach den Babyloniern kein eigenständiges Mederreich gegeben habe.

Es stimmt zwar, daß einmal ein selbständiges medisches Königreich existiert hat, aber das war in der Zeit vom 9. bis 7. Jahrhundert v. Chr. Das ist bekannt und nicht strittig. Im 6. Jahrhundert aber wurden die Meder besiegt und waren zweihundert Jahre lang untrennbarer Bestandteil des persischen Weltreichs. Wenn der Verfasser des Danielbuchs allerdings für die Zeit nach 539 v. Chr. an ein medisches Königreich gedacht hätte, wäre das zweifellos ein gravierender Fehler gewesen. Ist ihm tatsächlich solch ein Irrtum unterlaufen?

Der Wortlaut des biblischen Textes stützt diese Annahme in keiner Weise. Der Widder in der Weissagung von Daniel 8 wird in Vers 20 identifiziert: „Der Widder mit den beiden Hörnern, den du gesehen hast, bedeutet die Könige von Medien und Persien". Hier ist von *einem* Widder die Rede, der symbolisch das *eine* Königreich Medien-Persien darstellt.

Dieselbe Aussage findet sich in der Erzählung von Daniel 6, wo von dem Gesetz, das Darius erlassen hat, gesagt wird, daß niemand

„das Gesetz der Meder und Perser" aufheben kann" (Vers 13).
Wenn Medien und Persien zu jener Zeit separate Königreiche gewesen wären, hätte der Verfasser auf die „Gesetze der Meder" und
die „Gesetze der Perser" hinweisen müssen und nicht vom „Gesetz
der Meder und Perser" sprechen können. Der Wortlaut des Bibeltextes weist vielmehr darauf hin, daß hier ein einheitlicher Gesetzesko-
dex gemeint ist, der im Doppelreich Medien-Persien verbindlich war.
Die in Daniel 5,28 erwähnte Schrift an der Wand weist übrigens
in dieselbe Richtung, denn Belsazars Reich „ist zerteilt und den
Medern und Persern gegeben". Das Buch Daniel bietet keine Be-
gründung für ein selbständiges Mederreich im 5. Jahrhundert. Folglich bleibt die alte Aufeinanderfolge der Weltreiche bestehen: Babylon, Medien-Persien, Griechenland und Rom.

### 4. Darius, der Meder

Die Identität Darius, des Meders, bietet sogar unter konservativen
Gelehrten, die seine historische Existenz nicht in Frage stellen, immer noch einen Anlaß zur Diskussion. Anders als bei der Person
Belsazars, ist bis heute nicht eindeutig zu klären, wer dieser Darius
eigentlich war. Unter Fachleuten werden mehrere Kandidaten gehandelt: zwei persische Könige, zwei medische Könige und zwei
persische Statthalter. Diese Frage wird eingehend im 6. Kapitel
dieses Buches besprochen. Hier sollen nur zwei Gesichtspunkte
erwähnt werden.

Erstens wissen wir, daß es im ersten Jahr der persischen Herrschaft über Babylonien einen Mitregenten in Babylon gegeben hat.
Babylonische Keilschrifttafeln über ganz alltägliche oder geschäftli-
che Angelegenheiten erwähnen die Namen und Titel von Königen
sowie ein Datum, das sich auf das jeweilige Regierungsjahr bezieht.
Aus solchen Dokumenten geht klar hervor, daß der Perserkönig
Kyros während des ersten Jahrs nach der Eroberung nicht den Titel
„König von Babylon" trug. Es existieren eine Reihe von Tontäfelchen genau aus dieser Zeit, die verschiedene andere Titel erwähnen, nicht aber den eines „Königs von Babylon".

Zweitens ist das Problem der Thronnamen zu berücksichtigen. Im Altertum trugen die Thronanwärter normalerweise einen Personennamen wie jeder andere auch. Bei oder nach der Thronbesteigung nahmen sie oft einen zusätzlichen, offiziellen Namen an. In Ägypten war das die Regel und auch in Israel kam das gelegentlich vor. Asarja, der auch Usia genannt wurde, ist dafür ein Beispiel. In Mesopotamien ist diese Sitte selten anzutreffen. Vielleicht war dieses Verfahren aber, wie einige neuere Historiker meinen, in Persien üblicher. Der im Buch Daniel erwähnte Name Darius könnte also sehr wohl ein Thronname gewesen sein. Wir werden dieser Frage an anderer Stelle weiter nachgehen.

### 5. Die Datierung des im Buch Daniel verwendeten Aramäisch

In älteren Studien über das in Daniel 2 bis 7 benutzte Aramäisch wird behauptet, daß dieses Aramäisch mehr dem des 2. Jahrhunderts v. Chr. ähnelt als dem, das im 6. Jahrhundert verwendet wurde. Diese frühen Studien konnten allerdings nur auf *eine* Sammlung alter aramäischer Texte zurückgreifen, nämlich auf die aus dem 5. Jahrhundert v. Chr. stammenden Papyri von Elephantine (Ägypten). Daniels Aramäisch unterscheidet sich etwas von dem, das in den Elephantine-Papyri benutzt wird. Deshalb meinten manche Gelehrten, es einer späteren Zeit zuordnen zu müssen.

Inzwischen sind viele andere aramäische Inschriften gefunden worden, die ein besseres Verständnis dieser Sprache und ihrer Entwicklung ermöglichen. Das trug auch zu einer Neubewertung der aramäischen Textteile des Buches Daniel bei. Bisher hieß es, die Unterschiede zwischen dem Aramäisch des Buches Daniel und dem der Elephantine-Papyri deuteten auf einen langen Entwicklungsprozeß hin. Heute weiß man, daß diese Papyri lediglich die Entwicklung eines regionalen aramäischen Dialekts in Ägypten widerspiegeln.

Dieser Dialekt unterscheidet sich etwas von der Sprache, die in Juda, Syrien, Babylonien und dem Iran gesprochen und geschrieben wurde. Jedes dieser Gebiete hatte seinen eigenen regionalen Dialekt. Früher hielt man eine Reihe von Besonderheiten im aramäischen Teil des Buches Daniel – zum Beispiel die Stellung des Verbs – für Merkmale einer späteren sprachlichen Entwicklung. Inzwischen weiß man, daß sie charakteristisch sind für einen älteren Sprachtypus des Aramäischen, besonders in der östlichen Region. Mit anderen Worten: Das Aramäisch im Buch Daniel entspricht genau dem, das zu Lebzeiten des Propheten, also im 6. Jahrhundert v. Chr., in Babylon gesprochen wurde!

Die Handschriftenfunde vom Toten Meer bestätigen das eindrucksvoll. Vom 2. Jahrhundert vor bis zum 1. Jahrhundert n. Chr. lebten die sogenannten Essener in der Klosteranlage von Qumran. Sie verfaßten und kopierten eine Anzahl aramäischer und hebräischer Dokumente. Als diese Texte veröffentlicht wurden, zeigte sich, daß Daniels Aramäisch bedeutend älter ist als das der Texte vom Toten Meer. Das brachte jene Gelehrten, die behaupteten, das Buch Daniel sei im 2. Jahrhundert v. Chr. entstanden, in arge Schwierigkeiten. Wäre das wirklich der Fall, müßte es zwischen dem Buch Daniel und den aramäischsprachigen Texten vom Toten Meer eine wesentlich größere sprachliche Übereinstimmung geben. Aber genau das ist nicht der Fall. Vergleiche zwischen dem Buch Daniel und den Schriftrollen vom Toten Meer haben darüber hinaus gezeigt, daß sich Daniel nicht des palästinensischen Aramäisch bediente, sondern eine östliche Spielart benutzte, wie man es von einem Autoren erwarten mußte, der in Babylon lebte.

Inzwischen weisen alle Erkenntnisse in bezug auf das Aramäisch im Buch Daniel darauf hin, daß die Entstehung dieser prophetischen Schrift viel früher anzusetzen ist, als es die Kritiker bisher wahrhaben wollten. Derzeit wird das Aramäisch des Buches Daniel in Fachkreisen als das „Reichsaramäisch" eingestuft, das heißt, es paßt gut in die Zeit des persischen Reichs vom 7. bis zum 4. Jahrhundert v. Chr. Das Sprachargument läßt sich heute nicht mehr gegen eine frühe Datierung des Danielbuchs verwenden.

Nachdem wir die Haupteinwände gegen die geschichtliche Zuverlässigkeit des Buches Daniel untersucht haben, läßt sich mit Gewißheit sagen, daß der Anspruch dieser biblischen Schrift, im 6. Jahrhundert v. Chr. geschrieben worden zu sein, sowohl aus sprachlicher wie auch inhaltlicher Sicht absolut gerechtfertigt ist. Damit ist die Behauptung mancher Kritiker, daß man den prophetischen Aussagen dieses Buches wegen diverser historischer Ungereimtheiten nicht vertrauen könne, widerlegt.

## Die literarische Struktur der geschichtlichen Kapitel

Zum Schluß noch einige Bemerkungen zur literarischen Struktur der ersten Hälfte des Buches Daniel. Da gibt es, zumindest was die Anordnung der Kapitel im geschichtlichen Teil betrifft, eine auffällige Besonderheit.

Wer das Buch Daniel im Zusammenhang liest, dem fällt sofort auf, daß die geschichtlichen Erzählungen nicht exakt chronologisch angeordnet sind. Zum Beispiel werden die Kapitel 5 und 6, die Ereignisse aus der persischen Zeit schildern, den Kapiteln 7 und 8 vorangestellt, die in die ältere, babylonische Periode gehören. Eine chronologische Anordnung würde auch erfordern, daß die Kapitel 7 und 8 vor den Kapiteln 5 und 6 plaziert wären. Hier muß also ein anderes Ordnungsprinzip angewendet worden sein. Wie schon erwähnt, zerfällt das Buch Daniel – von einigen Überschneidungen abgesehen – in zwei ziemlich gleiche Teile, nämlich die geschichtlichen und die prophetischen Kapitel.

Darüber hinaus stellen die aramäisch geschriebenen Kapitel (2 bis 7) eine besondere literarische Struktur dar. Schon allein dadurch, daß sie in einer anderen Sprache verfaßt sind, unterscheiden sie sich vom Rest des Buches. Aber das ist nicht alles, denn sie unterscheiden sich auch in bezug auf ihren Aufbau, d. h. die Art, wie sie innerhalb des Textes angeordnet sind. Gemäß ihres Inhalts sind sie nämlich paarweise aufeinander bezogen. Zum Beispiel bilden die Kapitel 2 und 7 ein Paar. Beide Kapitel sind Umrißprophezeiungen, die den Aufstieg und Untergang der Königreiche während längerer Zeiträume der Menschheitsgeschichte behandeln.

Die Kapitel 3 und 6 sind sich ebenfalls inhaltlich ähnlich. Kapitel 3 schildert, wie die drei Freunde Daniels ihrer Standhaftigkeit wegen in den feurigen Ofen geworfen wurden. Kapitel 6 berichtet, wie Daniel um seines Glaubens willen in die Löwengrube geworfen wurde. Beide Male werden Gottes Diener um ihres Glaubens willen erprobt und heimgesucht, aber von Gott auf übernatürliche Weise daraus befreit. Bleiben noch die aramäisch abgefaßten Kapitel 4 und 5. In jedem dieser Abschnitte geht es um das gleiche Thema: einen babylonischen König. In Kapitel 4 ist es Nebukadnezar, in Kapitel 5 Belsazar.

Beide Berichte beginnen mit Ortsbeschreibungen, das heißt, die Erzählungen zeigen die Könige in ein und demselben Palast. Von beiden Herrschern wird berichtet, daß sie sich in eitler Selbstüberschätzung an Gott versündigten und deshalb von ihm zur Rechenschaft gezogen wurden. In beiden Fällen wurde das Urteil in Form einer Prophezeiung überbracht und unmittelbar darauf vollstreckt. Sowohl bei Nebukadnezar als auch bei Belsazar war Daniel der Deuter der Weissagungen. Die Erzählungen enden zwar unterschiedlich, aber selbst da gibt es noch gewisse Beziehungen. Kapitel 4 berichtet, daß Nebukadnezar eine Zeitlang dem Wahnsinn verfiel, dann aber wieder gesund wurde und auf den Thron zurückkehrte. Für Belsazar gibt es dagegen keine Rettung. Er fiel noch in derselben Nacht mitsamt den Bewohnern Babylons in die Hände der persischen Eroberer.

Die Erzählungen des aramäischen und geschichtlichen Teils ergeben nach ihren thematischen Parallelen geordnet folgenden Aufbau:

A. Daniel 2: Prophezeiung vom Aufstieg und Untergang der Königreiche

B. Daniel 3: Bericht von der Verfolgung der drei Freunde Daniels

   C. Daniel 4: Prophezeiung über den Sturz und Wiederaufstieg König Nebukadnezars

   C. Daniel 5: Prophezeiung über den Sturz Belsazars.

B. Daniel 6: Bericht über die Verfolgung Daniels

A. Daniel 7: Prophezeiung über den Aufstieg und Untergang von Königreichen

Man könnte dieses Schema mit einer Trittleiter vergleichen, die auf beiden Seiten Sprossen hat. Auf der einen Seite steigt man in einer bestimmten Reihenfolge hinauf und auf der anderen in umgekehrter Folge hinab: A : B : C : C : B : A. Der Fachausdruck für solch eine Anordnung heißt Chiasmus. Dieser Begriff ist abgeleitet von dem griechischen Buchstaben Chi, der unserem X gleicht. Dem literarischen Schema liegt die Vorstellung zugrunde, daß man auf dem einen Balken des X aufsteigt und in umgekehrter Reihenfolge auf dem anderen Balken absteigt. Dabei geht es um eine Umkehrung (Inversion) oder spiegelbildliche Darstellung.

Im Buch Daniel haben wir es mit einem verhältnismäßig einfachen Chiasmus zu tun, der auf thematischen Bindegliedern zwischen zwei Erzählungen ähnlicher Art beruht. Ein Blick auf das obige Schema zeigt, daß Kapitel 2 und Kapitel 7 thematisch miteinander verbunden sind, und das trifft ebenso für Kapitel 3 und 6 sowie Kapitel 4 und 5 zu. Diese Art der Anordnung kommt im Alten Testament ziemlich häufig vor, besonders in den Psalmen. Die Menschen zur Zeit Daniels müssen demnach mit solchen literarischen Besonderheiten gut vertraut gewesen sein.

Wir fragen an dieser Stelle natürlich: Welche Bedeutung hatten diese literarischen Formen für die damaligen Menschen? Und vor allem: Was sollen wir heute damit anfangen? Zunächst sei gesagt, daß es sich dabei keineswegs um sprachliche Spielereien handelte, sondern daß es für solche Anordnungen ganz konkrete Gründe gab.

Zum einen dienten sie den Menschen damals beim Einprägen biblischer Texte als Gedächtnisstütze. Es ist nämlich bedeutend leichter, sich das, was in jedem Kapitel steht, zu merken, wenn man dieses spiegelbildliche Schema erst einmal erfaßt hat.

Zum andern ermöglicht es die paarweise Anordnung, die Zusammengehörigkeit bestimmter Textabschnitte zu erkennen. Das ist auch für die Auslegung biblischer – vor allem prophetischer – Texte wichtig. Viele Ausleger haben zum Beispiel erkannt, daß die Prophezeiung in Daniel 7 eine erweiterte und detailliertere Darstellung der in Daniel 2 beschriebenen Weissagung ist. Beide prophetischen Texte gehören inhaltlich zusammen und dürfen deshalb nicht auf unterschiedliche geschichtliche Zeiträume angewandt werden. Die literarische Struktur ist eine Möglichkeit, diese Zusammengehörigkeit mit sprachlichen Mitteln zu unterstreichen. Nicht zuletzt haben solche Formen auch eine gewisse ästhetische Bedeutung. Es ist zweifellos interessant, daß die uralten biblischen Texte auch für uns Heutige noch so bedeutungsvoll sind, obwohl sie unter völlig anderen gesellschaftlichen und kulturellen Voraussetzungen entstanden sind. Natürlich ist vor allem der Inhalt des Wortes Gottes wichtig, aber es ist auch gut zu wissen, daß die Bibel aus literarischer Sicht schön und wertvoll ist.

Bei den dichterisch gestalteten Teilen der Heiligen Schrift, z. B. den Psalmen, wird das noch am ehesten deutlich, obwohl vieles davon schon durch die Übersetzung der hebräischen Texte verlorengegangen ist. Aber es ist auch gut, die literarische Schönheit von Prosa, wie sie uns zum Beispiel im Buch Daniel begegnet, zu erkennen. Daniel war nicht irgendwer, sondern ein literarischer Könner, und sein Buch ist keine unbedeutende Gelegenheitsschrift, sondern ein geistgewirktes prophetisches Werk, bei dem die reife literarische Leistung dem Inhalt einen angemessenen sprachlichen und künstlerischen Rahmen gibt.

Schließlich betont die literarische Struktur nachdrücklich die Einheitlichkeit dieses Teils des Buches Daniels sowie des gesamten Werks. Die Erzählungen passen so genau zueinander wie etwa die Kacheln eines kunstvoll gestalteten Ofens. Würde man auch nur eine Kachel herauslösen, schadet das dem Gesamtbild.

Die Kritiker des Buches Daniel haben diese Tatsache völlig übersehen. Sie lösen beispielsweise Daniel 7 aus dem Zusammenhang des geschichtlichen Teils heraus, indem sie behaupten, dieser Abschnitt sei um 165 v. Chr. zur Zeit des Antiochus Epiphanes geschrieben worden, während die vorangehenden Kapitel möglicherweise zwei oder drei Jahrhunderte älter sein könnten. Damit würde aber die kunstvolle literarische Architektur des Buches zerstört, die viel eher darauf hinweist, daß diese biblische Schrift zeitlich, sprachlich und inhaltlich aus einem Guß ist. Daniel 7 und 2 sind ein unlösbares Paar und bilden zugleich den Rahmen für die anderen paarweise angeordneten Kapitel. Die geschichtlichen Kapitel des Buches Daniel, die sozusagen zu einem Paket verschnürt sind, bilden eine Einheit. Daß sie auch im selben Typ der aramäischen Sprache geschrieben worden sind, unterstreicht diesen Sachverhalt nur noch. Die Quellenkritiker ignorieren diese Einheit und zerstükkeln das Buch Daniel seit anderthalb Jahrhunderten in immer kleinere Einheiten. Die kunstvolle literarische Struktur dieser biblischen Schrift zeigt, wie falsch die Vorgehensweise ist.

Wegen der einheitlichen literarischen Struktur dieses Teils des Buches Daniel werden wir diese Kapitel paarweise, so wie sie zusammengehören, studieren.

## 📖 WEITERFÜHRENDE LITERATUR

1. Einen kurzen, zusammenfassenden Überblick über die Geschichte Babylons bietet: G. Roux, „Ancient Iraq".
2. Eine detailliertere Darstellung der Geschichte Babylons liefert: H. W. E. Saggs, „The Greatness That Was Babylon".
3. Einzelheiten über die Stadt Babylon finden sich bei: S. H. Horn, „Auf den Spuren alter Völker" (Saatkorn-Verlag, Hamburg, 1986, 2. Aufl.).
4. Ein dreiteiliger, auf Recherchen von Frederick Pelser basierender historischer Roman ist in der Saatkorn-Edition erschienen: F. Pelser / S. Renz, „König von Babylon", „Babylon die Große", „Babylons Erben" (Saatkorn-Verlag, Lüneburg, 1996/1997).
5. Bezüglich einer evangelikalen Studie über bestimmte historische und sprachliche Probleme siehe bei J. Wiseman, „Notes on Some Problems in the Book of Daniel".

# Kapitel 2

## Verbannt

### Daniel 1

Mit Ausnahme einiger Verse von Daniel 1 spielt sich das Geschehen des gesamten Buches in Babylon ab. Denn dort hat der Verfasser den größten Teil seines Lebens zugebracht, und er hat lange gelebt. Die erste Zeitangabe (Vers 1) bezieht sich auf das Jahr 605 v. Chr. In Verbindung mit der letzten Offenbarung, die Daniel erhielt, enthält das Buch auch eine letzte Zeitangabe (Da 10,1). Sie bezieht sich auf das Jahr 536 v. Chr. Daraus ergibt sich eine Zeitspanne von fast siebzig Jahren, die Daniel in Babylon zubrachte. Den größten Teil dieser Zeit wirkte er unter den neubabylonischen Herrschern; während seiner letzten Lebensjahre waren dann persische Könige an der Macht. Der Prophet starb wahrscheinlich kurz nachdem er die letzte in seinem Buch beschriebene Prophezeiung empfangen hatte. Mit der Übermittlung dieser prophetischen Botschaft scheint der Gottesbote Gabriel den Propheten zugleich darauf hingewiesen zu haben, daß sein Leben bald zu Ende sein würde.

Verschiedene Bibelausleger meinen, Daniel sei etwa im Alter von 18 Jahren nach Babylon deportiert worden. Sie schließen das aus der Tatsache, daß die Babylonier in der Regel Personen dieser Altersgruppe zu Staatsgeiseln gemacht haben. Von den beinahe neunzig Jahren, die Daniel lebte, verbrachte er demnach nur knapp zwei Jahrzehnte in Juda, den Rest in Babylonien. Das führte dazu, daß er mit der babylonischen Hauptstadt und dem Volk sowie seinen Herrschern und den Vorgängen am Hof bestens vertraut war. Bald nach seiner Verschleppung kam er an den Hof Nebukadnezars II. Der regierte 43 Jahre lang, und es scheint so, als habe Daniel während der gesamten Zeit wichtige Stellen im Staatsdienst bekleidet.

Nach Nebukadnezars Tod war sein Rat und Dienst bei Hofe wohl nicht mehr gefragt. Erst Belsazar, der letzte babylonische Herrscher, setzte ihn wieder in seine früheren Ehrenämter ein. Die persischen Machthaber scheinen Daniels Fähigkeiten geschätzt zu haben, denn zu ihrer Zeit gelangte er wieder zu großem Einfluß. Das weckte den Neid anderer Würdenträger bei Hofe und machte ihn zur Zielscheibe hinterhältiger Intrigen.

In guten wie in bösen Zeiten war Daniel ein Vorbild an Mut, Treue und Standhaftigkeit. Vorbildlich war auch sein regelmäßiges Gebetsleben. Das brachte ihm Nachteile und führte ihn mehrfach in lebensbedrohliche Situationen. Doch dieser Mann blieb mutig, treu und unbestechlich. Er verleugnete auch an einem heidnischen Königshof nie seinen Glauben, sondern lebte gerade in dieser Umgebung aus einer lebendigen Gemeinschaft mit Gott heraus. Da einige seiner Prophezeiungen bis in die Endzeit, in unsere Zeit, reichen, sollte uns sein gläubiges und treues Verhalten in einer gottfeindlichen Umgebung dazu anregen, unabhängig von guten oder schlechten Verhältnissen ein Leben mit Gott zu führen.

Als Staatsbeamter, der jahrzehntelang an den Schalthebeln der Macht saß, kannte er sich in der babylonischen Politik und Gesellschaft aus wie kaum ein anderer. Propheten Gottes mögen gelegentlich Botschaften für eine ferne Zukunft haben, wie es bei Daniel der Fall war, aber sie sprechen immer auch für die Menschen ihrer Zeit. Die Zeit Daniels, das war das Babylon des sechsten vorchristlichen Jahrhunderts, zugleich auch die Periode, in der dort Tausende von Israeliten in der Verbannung lebten. Deshalb ist es nur natürlich, daß Babylon und seine Geschichte einen hervorragenden Platz in den Prophezeiungen einnahm, die Gott ihm übermittelte. Babylon

erscheint in nicht weniger als vier der im Buch Daniel niederge-
schriebenen Prophezeiungen – nämlich in den Kapiteln 2, 4, 5 und
7. Wer den Propheten und seine Weissagungen aus dem Rahmen
seiner Zeit heraus verstehen will, braucht deshalb auch eine gewisse
Kenntnis der babylonischen Geschichte des siebenten und sechsten
vorchristlichen Jahrhunderts.

## 📖 EINSTIEG

### Daniel 1

Lies Daniel 1 mindestens zweimal durch. Dann erfülle folgende
Aufgaben:

1. *Versuche anhand einer Konkordanz möglichst viel über Jojakim und
   Nebukadnezar herauszufinden. Fasse das Ergebnis in ein oder zwei
   Paragraphen zusammen. Vergleiche deine Erkenntnisse mit den Aus-
   führungen über beide Herrscher in einem Bibellexikon.*
2. *Um den geschichtlichen Hintergrund des Buches Daniel zu erfassen, lies
   Artikel unter den Stichworten „Babylon" und „Gefangenschaft" oder
   „Babylonische Gefangenschaft" in einem Bibellexikon. Inwiefern tragen
   diese Informationen dazu bei, das Buch Daniel besser zu verstehen?*
3. *Welches Licht wirft 5. Mose 28,1 bis 30,20 auf die Gründe, die zur
   Gefangenschaft Israels führten?*
4. *Welche Erkenntnisse über den Menschen Daniel ergeben sich aus dem
   ersten Kapitel? Schreibe sie in dein Merkheft. Was kannst du aus
   diesem Kapitel über die Behandlung Daniels in Babylon erkennen?
   Notiere auch das. Was hatten die Babylonier deiner Meinung nach
   mit Daniel und seinen Freunden vor? Erläutere, wie du die besondere
   Fürsorge in Babylon für diese Gefangenen begründest.*
5. *Formuliere mit eigenen Worten, welches Problem die jungen Judäer
   mit der Ernährung des Königs von Babylon hatten? Lies dazu auch
   3. Mose 11; 5. Mose 14,1-21; 3. Mose 17,10-14.*

*6. Was haben Daniel und seine Freunde deiner Meinung nach an der „Universität von Babylon" studiert? Daniel 2 gibt diesbezüglich einige Hinweise. Lies in einem Bibellexikon nach, in welchen Wissensbereichen die Babylonier Kenntnisse besaßen. Warum hat Daniel deiner Meinung nach die Speisen des Königs abgelehnt, nicht aber den verordneten Lehrstoff?*

*7. Führe die Hinweise auf Gottes Führung und/oder Vorsehung in Kapitel 1 an.*

## 📖 ERKLÄRUNG

### Die Zeit, in der Daniel lebte

Wer sich mit der Person, dem Leben und der Botschaft Daniels befaßt, kommt nicht umhin, dabei den geschichtlichen Hintergrund und die damaligen politischen Rahmenbedingungen zu berücksichtigen. Allerdings darf das, wie wir später sehen werden, nicht der einzige Blickwinkel bleiben.

Aus rein geschichtlicher Sicht war Daniel nur eine unbedeutende Figur im internationalen Mächtespiel gegen Ende des 7. Jahrhunderts v. Chr. Er lebte in einer politisch brisanten Übergangszeit.

Das Königreich Juda war nicht mehr als ein schmaler Landstreifen zwischen dem Mittelmeer im Westen und der Wüste im Osten. Dieser schmale Landkorridor war den Großmächten im Süden (Ägypten) wie im Norden (Assyrien und Babylon) ein Dorn im Auge. Er behinderte sie nämlich in ihrem Expansionsdrang und bei ihren Eroberungsfeldzügen. Deshalb wurde Palästina immer wieder zum Aufmarschgebiet rivalisierender Weltmächte (siehe die Landkarte des Nahen Ostens in der Antike auf Seite 45). Gegen Ende des 7. Jahrhunderts v. Chr. geriet Juda gleich unter die Herrschaft von drei verschiedenen Mächten.

Zunächst war da Assyrien. Assurbanipal, der letzte große König des assyrischen Reiches, starb 626 etwa zwei oder drei Jahre vor Daniels Geburt. Sein Tod beschwor gewaltige politische Verände-

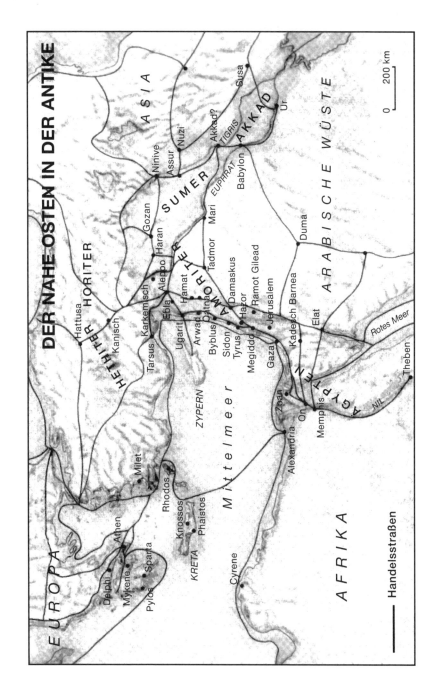

**DER NAHE OSTEN IN DER ANTIKE**

EUROPA

ASIA

HETHITER

HORITER

Hattusa

Kanisch

Tarsus

Karkemsch

Gozan

Haran

SUMER

Ninive

Assur

Nuzi

Akkad?

Susa

AKKAD

Ur

TIGRIS

EUPHRAT

Babylon

Mari

Tadmor

AMORITER

Ebla

Aleppo

Hamat

Damaskus

Ramot Gilead

Ugarit

Arwad

Qatna

Hazor

Byblus

Sidon

Tyrus

Jerusalem

Megiddo

Gaza

Kadesch Barnea

Duma

ARABISCHE WÜSTE

Elat

Rotes Meer

ZYPERN

Mittelmeer

Milet

Rhodos

Knossos

Phaistos

KRETA

Athen

Delphi

Mykene

Sparta

Pylos

Cyrene

Zoan

Alexandria

On

Memphis

ÄGYPTEN

NIL

Theben

AFRIKA

0    200 km

Handelsstraßen

rungen herauf, da Assyrien in viele kleine Teilreiche zerfiel. Die Schwäche der Assyrer verschaffte Juda eine außenpolitische Atempause, die König Josia nutzte, um in seinem Land eine religiöse Reformation durchzuführen (vgl. 2 Kön 22,8 bis 23,25). Leider war sie nicht umfassend genug und auch nicht von langer Dauer, wie bereits der Prophet Jeremia bemängelte.

In das durch den Niedergang Assyriens entstandene Machtvakuum stießen die angriffslustigen Pharaonen der 26. Dynastie vor, und es gelang ihnen, die Herrschaft über Westasien bis hin zum Euphrat zu erringen.

Ägypten konnte diese Position allerdings nur etwa ein Jahrzehnt halten, denn im Nordosten war inzwischen eine neue Macht auf der weltpolitischen Bühne erschienen.

Die Babylonier hatten sich mit den Medern aus den Bergen des nördlichen Iran verbündet und griffen die am stärksten bevölkerten Zentren Mesopotamiens an: Sie eroberten und zerstörten die Städte Nimrod und Ninive. Als sie am Ostufer des Euphrats flußaufwärts vorrückten, stießen sie am Oberlauf des Flusses mit den Ägyptern zusammen.

Nach ersten Geplänkeln 611 v. Chr. kam es dann im Jahre 605 zu einer großen Schlacht zwischen babylonischen und ägyptischen Heeren. Der Prophet Jeremia hat diesen Kampf und die verheerende Niederlage der Ägypter in seinem Buch eindrucksvoll geschildert (Jer 46,1-12). Darüber hinaus existiert auch in den Annalen Nebukadnezars ein Bericht über dieses Gefecht. In der Chronik heißt es:

> Nebukadnezar, sein [Nabopolassars] ältester Sohn, der Kronprinz, musterte das babylonische Heer und übernahm den Oberbefehl. Er marschierte nach Karchemisch, das am Ufer des Euphrats liegt und überquerte den Fluß, [um zu gehen] gegen das ägyptische Heer, das bei Karchemisch lag, ... [sie] kämpften gegeneinander und das ägyptische Heer wich vor ihm zurück. Er vollendete ihre Niederlage und schlug sie, daß keiner übrigblieb.

Der babylonische Sieg stellte die Machtverhältnisse im Nahen Osten auf den Kopf. Das ehemals ägyptische Einflußgebiet, einschließlich des Königreichs Juda, geriet unter die Herrschaft Babylons. In babylonischen Keilschrifttexten heißt es kurz und knapp: „Zu jener Zeit eroberte Nebukadnezar das gesamte Gebiet des Hatti-Landes". Die Bezeichnung „Hatti-Land" war ein Überbleibsel aus der Zeit, als die Hethiter über Syrien und Palästina herrschten (ungefähr 1800-1200 v. Chr.). Gemeint waren alle Königreiche von Syrien im Norden bis Juda im Süden.

Merkwürdig erscheint zunächst, daß bei der Aufzählung der belagerten Städte Jerusalem nicht erwähnt wird. Das hängt vermutlich damit zusammen, daß Jojakim, der König Judas, erkannt hatte, wie zwecklos jeder Widerstand gegen Nebukadnezar war, und deshalb Jerusalem kampflos an den Sieger übergab. Darum brauchten die Babylonier Judas Hauptstadt nicht zu belagern. Die Texte der babylonischen Chroniken erwähnen nur jene Städte, die solange Widerstand geleistet hatten, bis sie von Nebukadnezars Truppen überrannt wurden. Städte wie Jerusalem, die vorher kapitulierten, wurden nicht namentlich erwähnt.

Ein Beobachter der Geschehnisse im Jahre 605 v. Chr. wäre wohl zu dem Schluß gekommen, daß all das lediglich als Folge machtpolitischer Veränderungen im Nahen Osten zu werten sei. Daniel sah die Dinge offensichtlich anders und betonte gleich am Anfang seines Buches, daß Jojakim nicht deshalb in die Hände Nebukadnezars fiel, weil er ein unfähiger König war – was ja in gewissem Sinne zutraf –, sondern weil er gottlos war. Deshalb lenkte Gott die Ereignisse in diese Richtung. Hier war ein unsichtbarer Faktor im Spiel, und dieser Faktor war Gott.

In Daniel 1,2 heißt es: „Und der Herr gab in seine Hand Jojakim, den König von Juda." Diese Entwicklung entsprach nicht der ursprünglichen Absicht Gottes mit seinem Volk. Ihr Abfall, von König Jojakim selbst betrieben, führte zu diesen traumatischen Ereignissen. Weil Juda sich von Gott abgewandt hatte und nicht mehr an seinem Bund festhielt, hatte es auch Gottes Schutz vor solchen Feinden wie den Babyloniern verwirkt (vgl. 5 Mo 28,1 bis 30,20).

## Daniels persönliche Erfahrung

Aber nicht alle in Juda hatten Gott den Rücken gekehrt. Es gab auch Menschen, die sich ihren lebendigen Glauben bewahrt hatten. Zu ihnen gehörten Daniel und seine Freunde. Das bewahrte sie zwar nicht vor der Deportation, aber ihr Glaube gab ihnen die Kraft, auch in der Verbannung Gottes Zeugen und Diener zu sein. Die Berichte über die Treue und den Mut dieser vier Männer gehören zu den bewegendsten Abschnitten des Buches Daniel. Sie stellen uns zugleich vor die Frage, ob wir die Probleme unseres Lebens mit ähnlichem Mut und Gottvertrauen angehen.

Versetze dich in Daniels Lage. Du bist jung, hast das ganze Leben mit all seinen Möglichkeiten noch vor dir. Du hast Wünsche, Hoffnungen, Pläne und eine gute Chance, daß sie sich erfüllen. Doch dann bricht aus Gründen, die du nicht beeinflussen kannst, alles zusammen. Du wirst in ein fremdes Land verschleppt, ohne damit rechnen zu dürfen, die Heimat und die Anverwandten jemals wiederzusehen. In welcher Gemütsverfassung würdest du dich dann wohl befinden? Niedergeschlagenheit? Resignation? Würdest du dich nicht fragen: „Wie kann Gott so etwas zulassen?" Würdest du nicht versucht sein, dich völlig anzupassen, um dein Leben zu retten – zumal dich niemand kennt?

Solche oder ähnliche Gedanken mögen auch Daniel und seinen Freunden durch den Kopf gegangen sein, doch sie rieben sich nicht in sinnlosem Aufbegehren gegen ihr Schicksal auf, sie versanken nicht in Selbstmitleid, sondern wandten sich im Vertrauen auf Gott mutig der Zukunft zu.

Sowohl bei den Babyloniern als auch bei den Ägyptern war es üblich, aus den eroberten Ländern befähigte junge Männer von vornehmer Herkunft – meist aus königlichem Geschlecht – als Geiseln ins Stammland des Eroberers zu verschleppen. Dort wurden sie in die Lebensweise und Kultur der Sieger eingeführt und genossen in der Regel eine hervorragende Ausbildung. Das geschah freilich nicht aus Menschenfreundlichkeit, sondern entsprang einem geschickten politischen Kalkül. Auf diese Weise zog man sich loyale Staatsdiener heran, die später in den besiegten Ländern an den Schaltstellen der Macht eingesetzt werden konnten. Dabei war von Vorteil, daß sie ihrer Herkunft nach zu den Besiegten gehörten, deren Sitten, Gebräuche und Denkweise ihnen vertraut war, sich aber aufgrund ihrer Ausbildung zugleich den Siegern verbunden und verpflichtet fühlten.

Auch Daniel und seine Freunde genossen in Babylon eine umfassende Ausbildung, die sie zu qualifizierten und ergebenen Beamten machen sollte. Dazu gehörte vor allem die Kenntnis der babylonischen Keilschrift, die mit einem Griffel in weiche Tontafeln geritzt wurde. Die Keilschrift gehört zu den ältesten Schriften der Menschheit. Eine Reihe solcher Schrifttafeln sind bis heute erhalten geblieben und damit Zeugen jener alten Kultur. Besonders wichtige Schriftstücke, etwa Staatsdokumente und königliche Chroniken, wurden in einem Ofen gebrannt. Normalerweise ließ man die Täfelchen an der Luft trocknen. Sie waren dann zwar nicht so widerstandsfähig und zerbrachen leichter, aber was die Haltbarkeit betrifft, waren sie dem Papier, das wir heute benutzen, dennoch weit überlegen.

Vermutlich war es für Daniel und seine Freunde nicht so leicht, das komplizierte System der Keilschrift zu erlernen. Die babylonische Sprache an sich dürfte ihnen dagegen weit weniger Schwierigkeiten bereitet haben. Babylonisch und Hebräisch gehören nämlich derselben Sprachfamilie an. In Babylon sprach man einen ostsemitischen Dialekt, in Palästina einen westsemitischen. Darüber hinaus wurde ein Teil des babylonischen Schriftwechsels in Aramäisch abgewickelt, einer Sprachvariante, die dem Hebräischen noch näher stand.

Nebukadnezar selbst war von Geburt her kein Babylonier im ethnischen und kulturellen Sinn. Er und sein Vater Nabopolassar gehörten zu einem der chaldäischen Stämme im Süden des Landes, die Aramäisch sprachen. Da sowohl Daniel als auch der König diese Sprache beherrschten, gab es in dieser Hinsicht keine Verständigungsschwierigkeiten. Das erklärt auch, warum der Prophet mehrere Gespräche mit dem König in Aramäisch niedergeschrieben hat, und weshalb darüber hinaus mehrere Kapitel in dieser Sprache verfaßt worden sind (Kap. 2-7). Die Keilschrifttafeln verraten uns auch etwas über die Wissenschaft in Babylonien, z. B. über astronomische Berechnungen und mathematische Systeme. Die moderne Mathematik beruht auf der Zehnereinheit, dem Dezimalsystem.

Das babylonische System gründet sich auf Einheiten von Sechs, deshalb nennt man es auch Sexagesimalsystem oder Sexagesimalmathematik. Einiges von diesem uralten System ist bis in unsere Tage erhalten geblieben: 60 Sekunden ergeben eine Minute, 60 Minuten eine Stunde und 360 Grad einen Vollkreis. Das mathematische System der Babylonier zeigt sich auch in den Maßen des auf Befehl Nebukadnezars erbauten Standbilds (Da 3). „Sechzig Ellen hoch und sechs Ellen breit" sind typische babylonische Sexagesimalmaßangaben.

Erhebliche Probleme dürften die jungen Hebräer mit dem Fach Astrologie gehabt haben, das ebenfalls auf dem Lehrplan stand. Weniger mit der wissenschaftlichen Seite dieses Wissenszweiges, der Astronomie, wohl aber mit dem interpretativen, subjektiven Teil, der Astrologie. Sterndeutung spielte in der babylonischen Kultur eine so große Rolle, daß zweifellos auch die hebräischen Studenten in diese „Wissenschaft" eingeführt wurden.

An dieser Stelle unterscheidet sich die Bibel ganz deutlich von den Vorstellungen des Altertums. Das außerbiblische Denken war durchdrungen von der Astrologie, die aus der Bewegung der Himmelskörper Ereignisse, geschichtliche Entwicklungen oder das persönliche Schicksal des Menschen abzuleiten versuchte.

Die Bibel verurteilt ausdrücklich eine Reihe von abergläubischen und magischen Praktiken, die damals im Umfeld Israels gang und gäbe waren. Das zeigt sich sowohl in den mosaischen Gesetzen (5 Mo 18,9-14) als auch bei den Propheten (Jes 8,19.20). Daniel und seine Freunde haben daher in ihrem Dienst für die babylonische Regierung gewiß auf solche Praktiken verzichtet. Sie waren auf astrologische Methoden und abergläubische Praktiken nicht angewiesen, denn sie glaubten an einen Gott, der die Zukunft kennt und sie offenbaren kann, wenn er es für richtig hält. Diese Quelle war Jahwe, der einzig wahre Gott.

In diesem Zusammenhang ist es geradezu paradox, daß Daniel später trotz seines Glaubens zum Vorgesetzten aller babylonischen Weisen und Gelehrten, also auch der Astrologen, gemacht wurde (Da 2,48). Etwas später werden in diesem Buch Episoden geschildert, die dokumentieren, wie sehr das vom wahren Gott empfangene Wissen den fragwürdigen Methoden der weisen Männer Babylons überlegen war (vgl. Da 2-4). Nachdem die jungen Hebräer in Babylon angekommen waren, erhielten sie neue Namen (Da 1,7). Daniel wurde fortan Beltschazar genannt. Dieser Name setzt sich aus den Teilen eines Satzes zusammen, in dem ein Segenswunsch ausgedrückt wird: *belit*, die Bezeichnung einer weiblichen Gottheit; *shar*, das Wort für „König"; das Verb *uzur*, was „beschützen" bedeutet.

Wörtlich bedeutet der babylonische Name Daniels: „Möge [die Göttin] Belit den König beschützen." Der babylonische Herrscher Belsazar trug einen ähnlich klingenden Namen – der einzige Unterschied bestand darin, daß die Bezeichnung Bel, „Herr" sich auf eine männliche Gottheit und nicht auf eine weibliche bezog.

Auch die neuen Namen der drei Freunde Daniels standen in Beziehung zu bestimmten Gottheiten. Diese Namensgebung bedeutete allerdings nicht, daß damit den jungen Hebräern zwangsweise die babylonische Religion übergestülpt werden sollte. Sie hatte wohl eher einen pragmatischen Grund: Man wollte ihnen einfach Namen geben, die sie in die Gesellschaft integrierten und die für die Menschen ihrer Umgebung verständlich waren. Wir sollten daher der Namensgebung keine religiösen Motive unterstellen.

## Die Prüfung

So ganz problemlos vollzog sich das Einfügen in die babylonischen Verhältnisse allerdings nicht. Merkwürdigerweise waren es nicht die neuen Namen, die Götterverehrung oder die astrologischen Studien, die den jungen Männern Schwierigkeiten bereiteten, sondern es ging um die Ernährung. Im biblischen Text heißt es:

„Aber Daniel nahm sich in seinem Herzen vor, daß er sich mit des Königs Speise und seinem Wein nicht unrein machen wollte, und bat den obersten Kämmerer, daß er sich nicht unrein machen müßte." (Da 1,8)

Warum weigerte sich Daniel, Nahrung zu sich zu nehmen, um die sich andere Studenten nachgerade gerissen hätten, denn sie kam direkt aus der königlichen Küche? Der Text gibt eine eindeutige Antwort: „Daniel nahm sich vor, sich nicht unrein zu machen."

Unter den Keilschrifttexten, die katalogisiert und übersetzt worden sind, gibt es einige mit Verpflegungsbestimmungen für das babylonische Heer. Zu dieser Verpflegung gehörte grundsätzlich Schweinefleisch. Höchstwahrscheinlich stand es auch auf dem königlichen Speiseplan und brachte für die Hebräer Probleme mit sich. Für einen Israeliten galt Schweinefleisch als unrein und war daher als Nahrung ungeeignet. Deshalb suchten Daniel und seine Freunde nach einem Weg, sich nicht „verunreinigen" zu müssen.

Das biblische Verbot des Verzehrs von Schweinefleisch war aber wohl nicht der einzige Grund für die Reaktion der vier Hebräer. Aus 1. Korinther 8 wissen wir, daß dort manche Christen kein Fleisch aßen, weil sie fürchteten, sich dadurch des Götzendienstes schuldig zu machen. Damals stammte offenbar ein großer Teil des Fleisches, das auf dem Markt verkauft wurde, von Tieren, die irgendwelchen Götzen geopfert worden waren. Das wird zu Daniels Zeiten in Babylon ähnlich gewesen sein und könnte ebenfalls Bedenken verursacht haben. Hinzu kamen noch die Schlachtung der Tiere und die Zubereitung der Speisen. Die entsprachen mit Sicherheit nicht den Forderungen des mosaischen Gesetzes (vgl. 3 Mo 17,10-14), waren also nicht „koscher", wie es heute noch im jüdischen Sprachgebrauch heißt.

Der einfachste Weg, all diesen Schwierigkeiten aus dem Weg zu gehen, bestand darin, sich rein pflanzlich zu ernähren. Genau darum bat Daniel den zuständigen Beamten. Wörtlich heißt es, er fragte nach „Samennahrung", also nach pflanzlicher Nahrung (Vers 12).

Die Frage der Ernährung scheint für Daniel so wichtig gewesen zu sein, daß er versuchte, sie von Anfang an generell zu klären. Dazu gehörte übrigens auch der Verzicht auf alkoholische Getränke. Er und seine Freunde wollten lieber Wasser trinken als Wein. Verständlicherweise zögerte der Beamte, Daniel einen solchen Speiseplan zuzubilligen (Vers 10). Er fürchtete, daß sich das für die Hebräer nachteilig auswirken würde und ihn das Leben kosten könnte, wenn der König davon erfuhr. Diese Sorge war nicht unbegründet, denn die Herrscher der Antike waren meist unberechenbar und ahndeten oft sogar unbedeutende Vergehen mit der Todesstrafe. Schließlich stimmte er aber doch zu, es zehn Tage lang mit dieser Kost zu versuchen (Vers 14). Das war ein überschaubarer Zeitraum, der im Vergleich zu der dreijährigen Ausbildung kein allzu großes Risiko in sich barg.

An dieser Stelle taucht natürlich die Frage auf, ob innerhalb von zehn Tagen überhaupt ein Unterschied zu den „Gemischtköstlern" festgestellt werden konnte. Moderne Gesundheitswissenschaftler beantworten diese Frage heute mit Ja. Dafür ein Beispiel. Der Ernährungswissenschaftler Dr. Pritikin hat einen Diätplan entwickelt, der als Teil eines Rehabilitations- und Konditionierungsprogramms für schwer Herzkranke eine schnelle Senkung des Cholesterinspiegels und Gewichtsabnahme zum Ziel hat. Solche Kurse in Dr. Pritikins Klinik dauern gerade mal eine Woche. Daniels Bitte um eine Probezeit von zehn Tagen kann also als durchaus angemessen bezeichnet werden.

Allerdings betont der biblische Bericht nachdrücklich, daß der Erfolg dieses Experiments auch von einem Faktor beeinflußt wurde, der sich nicht ernährungsphysiologisch erklären läßt. Schon die Tatsache, daß der Beamte sich überhaupt auf eine derart riskante Sache einließ, erklärt die Bibel damit, daß „Gott es Daniel gab, daß ihm der oberste Kämmerer günstig und gnädig gesinnt wurde" (Vers 9).

Der positive Ausgang der ganzen Angelegenheit hing also nicht nur von Daniels Verhandlungsgeschick und der erbetenen Kost ab, sondern vor allem davon, daß Gott dieses Experiment segnend begleitete. Das konnte er für sie tun, weil sie sich auf ihn und seine Zusagen verließen.

Gott kann uns auch heute noch in ähnlicher Weise benutzen, wenn sich ganz praktisch zeigen soll, welche Wirkung Gehorsam und Vertrauen auf das Leben eines Menschen haben können. In diesem Teil des Berichts wird auf die Tatsache Wert gelegt, daß es Gott nicht nur um unseren geistlich wachen Verstand geht, sondern auch um unser körperliches Wohlergehen. Beide hängen direkt miteinander zusammen. „Und nach den zehn Tagen sahen sie schöner und kräftiger aus als alle jungen Leute, die von des Königs Speise aßen." (Vers 15) Damit war das Experiment erfolgreich abgeschlossen, und den vier Hebräern wurde es für die gesamte Zeit ihrer Ausbildung gestattet, sich ihren Bedürfnissen und ihrer Überzeugung gemäß zu ernähren. Dies trug ebenfalls zu ihrem guten Ergebnis in der Abschlußprüfung bei.

## Das Ergebnis

Das dreijährige Studium wurde mit einer mündlichen Prüfung beendet, die der König selbst vornahm (Verse 19.20).

Dabei mußte sich zeigen, welchen Bildungsstand die jungen Männer erreicht hatten und ob sie genügend qualifiziert waren, um eine Stellung in der babylonischen Bürokratie bekleiden zu können. Auch diesen Test bestanden Daniel und seine Freunde mit Auszeichnung: „Und der König redete mit ihnen, und es wurde unter allen niemand gefunden, der Daniel, Hananja, Mischaël und Asarja gleich war. Und sie wurden des Königs Diener." (Vers 19) Das „zehnmal klüger" sollte besser als Hyperbel, d. h. als Überzeichnung, verstanden werden: Die vier Hebräer wußten nicht unbedingt zehnmal mehr als alle anderen. Es soll nur ausgedrückt werden, daß sie ihren Mitstudenten und sogar den amtierenden Gelehrten weit überlegen waren.

Ein ähnliches Stilmittel findet sich in der Erzählung vom feurigen Ofen (Da 3). Dort befahl der König, den Ofen „siebenmal heißer zu machen" als das sonst der Fall war (Vers 19). Auch das kann nicht heißen, daß die Temperatur von beispielsweise 500 Grad auf 3500 Grad hochgetrieben werden sollte. Offensichtlich bedeutet die Wendung, daß das Feuer zu höchster Glut angefacht werden sollte. Aber zurück zur Abschlußprüfung. Man kann natürlich fragen, warum Daniel und seine Freunde so hervorragend abgeschnitten haben. Besaßen sie einen höheren Intelligenzquotienten als alle anderen Prüflinge? War es die gesündere Lebensweise, die sie nicht nur körperlich, sondern auch geistig leistungsfähiger gemacht hatte als die anderen? Selbst wenn das der Fall gewesen sein sollte, begründet die Bibel den Erfolg nicht auf diese Weise, sondern sagt: „Und diesen vier jungen Leuten gab Gott Einsicht und Verstand." (Vers 17) Ohne den Segen Gottes hätten sie nicht erreichen können, was sie erreicht haben. Gott hatte mit ihnen etwas Besonderes vor, und deshalb rüstete er sie auch mit besonderen Fähigkeiten aus.

Das sollten auch die babylonischen Gelehrten und vor allem der König erkennen. In gewissem Sinne legte Gott schon an dieser Stelle den Grundstein für den Aufstieg der jüdischen Geiseln in der babylonischen Verwaltung.

## Zeitangaben

Wir beschließen unsere Untersuchung von Daniel 1 mit einigen Bemerkungen zu drei chronologischen Details.

Zuerst geht es um die Zeitangabe in Vers 1. Dort wird gesagt, daß Nebukadnezar heraufzog und Jerusalem im dritten Jahr Jojakims, des Königs von Juda, belagerte. Einige haben diese Zeitangabe als fehlerhaft kritisiert und behauptet, die Belagerung habe in Wirklichkeit in Jojakims viertem Jahr stattgefunden. Dieser Einwand ist ausführlich in Kapitel 1 dieses Bandes behandelt worden (siehe Seite 29). Es genügt, hier darauf hinzuweisen, daß die Angabe „im dritten Jahr der Herrschaft Jojakims" historisch absolut korrekt ist, wenn man sie nach dem Prinzip der Thronbesteigungsjahre und dem jüdischen Kalender (Herbst zu Herbst) interpretiert.

Das zweite chronologische Problem ergibt sich aus der Länge des Zeitraums, den Daniel und seine Freunde für ihr Studium benötigten – nach Daniel 1,5 waren es drei Jahre – und der Tatsache, daß die Geschehnisse in Kapitel 2 „im zweiten Jahr seiner [Nebukadnezars] Herrschaft" stattfanden (Da 2,1). Zu dieser Zeit war Daniel offenbar schon im Staatsdienst (Da 2, 13), was bei einer dreijährigen Ausbildungszeit nach maximal zwei Jahren schwer möglich gewesen sein kann. Auch diese scheinbare Differenz läßt sich verhältnismäßig leicht erklären. Die Zeitangabe in Daniel 1,5 muß sich nicht unbedingt auf drei volle Jahre zu je 12 Monaten beziehen. Das erste und das letzte Jahr der Ausbildung waren wahrscheinlich nur Teiljahre, so wie heutzutage die akademischen Studienjahre in Nordamerika aus neun und nicht aus zwölf Monaten bestehen. In Deutschland erstrecken sich die Vorlesungen sogar nur über einen Zeitraum von sieben Monaten.

Diese Erklärung gründet sich auf die sogenannte „inklusive Rechnungsweise", nach der die Hebräer im Altertum bei Teilbeträgen verfuhren.

Für heutige Leser sind 50 Prozent die Scheidelinie; alles, was darüber liegt, wird zur nächsten ganzen Zahl aufgerundet, alles, was darunter ist, wird gestrichen. So verfuhren aber die Hebräer im Altertum nicht. Sie rechneten grundsätzlich jeden Teilbetrag voll zur nächsten Zahl hinzu. In diesem Sinne wird beispielsweise davon gesprochen, daß Jesus drei Tage im Grab gelegen hat, obwohl das genaugenommen nicht stimmt. Er wurde ja am Spätnachmittag des Freitags in die Grabkammer gelegt und ruhte dort bis in die frühen Morgenstunden des Sonntags („als es noch finster war", Jo 20,1).

Tatsächlich lag er also ungefähr 37 Stunden im Grab. Nach der „inklusiven Rechnungsweise" sind das aber drei Tage, obwohl die volle Stundenzahl von 72 nicht erreicht wurde. Ein anderes Beispiel findet sich in 2. Könige 18,9-11, wo berichtet wird, daß die Belagerung Samarias im vierten Regierungsjahr Hiskias begann und in seinem sechsten Jahr beendet wurde, was „nach drei Jahren" der Fall war (2 Kön 18,10).

Diese Beispiele zeigen, daß sich die Ausbildungszeit Daniels nicht zwangsläufig über 36 Monate erstreckt haben muß, sondern erheblich kürzer gewesen sein kann (im Extremfall könnte sie sogar nur 14 Monate gedauert haben, d. h. vom Dezember des ersten bis zum Januar des dritten Jahres).

Das letzte geringfügige chronologische Problem in Kapitel 1 findet sich in Vers 21, wo es heißt: „Und Daniel blieb im Dienst bis ins erste Jahr des Königs Kyros." Diese Angabe taucht hier ziemlich unvermittelt auf und scheint nicht in den zeitlichen Ablauf zu passen. Im nächsten Vers (Da 2,1) ist dann auch wieder von Nebukadnezar die Rede, der Name Kyros wird erst wieder zum Schluß des Buches genannt (10,1), wo er zeitlich auch hingehört. Offensichtlich stammt diese Erwähnung des Kyros aus einer etwa siebzig Jahre späteren Zeit, ungefähr 536 v. Chr., und soll auf das hinweisen, was in dem Buch folgen wird. Im Gegensatz zu Vers 1 geht es nicht um eine Datumsangabe, sondern muß als Hinweis auf die lange Dienstzeit des Propheten Daniel verstanden werden. Manche der Erzählungen im Buche Daniel mögen früher, andere später geschrieben worden sein. Doch die letzte von ihnen sowie alle vorgreifenden Bemerkungen, wie zum Beispiel die in Vers 21, stammen eindeutig aus der persischen Zeit, als das Buch abgeschlossen wurde.

## 📖 ANWENDUNG

1. *Inwiefern können mir Daniel und seine Freunde durch ihr Gottvertrauen Vorbild sein? Wie kann ich mich heute darauf vorbereiten, auch in kritischen Situationen mein Vertrauen auf Gott zu bewahren?*
2. *Wie verhalte ich mich, wenn mich Schicksalsschläge treffen?*
3. *Drei der Hauptereignisse, von denen in diesem Kapitel die Rede ist, haben damit zu tun, daß Gott etwas „gab". Wo und wie hat Gott mich beschenkt? Ist es möglich, daß aus Gottes Hand Gutes aber auch Böses kommt? Wie ordne ich es ein, wenn mir Böses widerfährt?*
4. *Achte ich ebenso auf meine Gesundheit wie Daniel und seine Freunde? Wie hätte ich an Daniels Stelle das Problem mit der Ernährung zu lösen versucht? Oder hätte ich gegessen, was jeder aß?*

5. *In welchen Bereichen hat Gott mir Erkenntnis und Einsicht verliehen? Wie hat sich das ausgewirkt? Was kann ich tun, damit mein Denken und Forschen unter Gottes Segen stehen?*

6. *Wie kann ich trotz vieler verwirrender Ereignisse Gottes Absicht mit dieser Welt erkennen? Inwiefern hilft mir dabei Daniel 1? In welcher besonderen Weise habe ich Gottes Führung in den Ereignissen meines Lebens erkannt?*

## 📖 VERTIEFUNG

1. *Der Fall Jerusalems und die babylonische Gefangenschaft der Juden werden in den Schlußkapiteln von 2. Könige, 2. Chronik und im Buch Jeremia behandelt. Vergleiche diese drei Berichte. Welche Unterschiede und welche Ähnlichkeiten fallen dir auf? Fasse deine Erkenntnisse in deinem Merkheft zusammen. Hesekiel, Jeremia und Daniel waren Zeitgenossen. Hesekiel berichtet über das Leben der Gefangenen in Babylon. Lies die ersten 16 Kapitel dieses Buches. Inwiefern hilft dir diese Lektüre, die Lage der deportierten Juden zu verstehen?*

2. *Im ersten Teil des Buches Daniel wird Babylon als Unterdrücker Israels geschildert. Der zweite Teil der Offenbarung des Johannes zeigt, daß Babylon (diesmal ein Symbol) später erneut als Unterdrücker des Gottesvolks auftritt. Suche anhand einer Konkordanz die entsprechenden Hinweise auf das symbolische Babylon der Offenbarung heraus oder lies die Kapitel 14-18. Notiere in deinem Heft die Merkmale des symbolischen Babylon. Warum mag Johannes zur Charakterisierung der antigöttlichen Macht ausgerechnet das Symbol „Babylon" gewählt haben?*

## 📖 WEITERFÜHRENDE LITERATUR

1. Informationen über Babylon zur Zeit Daniels liefert S. H. Horn, „Auf den Spuren alter Völker", Kapitel 4 bis 7.

2. Näheres über die Ausbildung und die Arbeit der babylonischen Schreiber siehe E. Chiera, „They Wrote on Clay".

3. Hinweise über wissenschaftliche und technische Fächer, die in den Schulen Babylons gelehrt wurden, liefert O. Neugebauer, „The Exact Sciences in Antiquity".

4. Zwei gute Darstellungen der Geschichte Mesopotamiens, die auch Teile des neubabylonischen Weltreichs einschließen, sind die Werke von H. W. F. Saggs, „The Greatness That Was Babylon" und G. Roux, „Ancient Iraq".

# Kapitel 3

## Gefallene Könige

### Daniel 4 und 5

Die Kapitel 4 und 5 befassen sich mit zwei babylonischen Königen. Zum einen ist es Nebukadnezar II., der Begründer und erste große König des neubabylonischen Reichs (Da 4), zum andern Belsazar, der König, unter dessen Regentschaft Babylon von den Persern eingenommen wurde (Da 5). Wie kurz die Geschichte des neubabylonischen Reichs war, zeigt die Tatsache, daß Daniel sie von Anfang bis Ende miterlebte. Zu Beginn der Herrschaft Nebukadnezars kam er als junger Mann nach Babylon, und als alter Mann erlebte er noch mit, wie der letzte König umgebracht und die Stadt erobert wurde.

Allerdings war Daniel kein Zeitzeuge, der die Entwicklung der babylonischen Geschichte und Politik lediglich von außen beobachten konnte, sondern er hatte aufgrund seiner hohen Stellung bei Hofe direkten Einfluß auf die babylonischen Herrscher. Vor allem sollte er als inspirierter Sprecher Gottes den Königen göttliche Botschaften überbringen, die ihr Reich betrafen und auch ihr persönliches Geschick. Deshalb befassen sich die Kapitel 4 und 5 nicht nur mit den beiden Königen, sondern auch mit Daniel und seinem prophetischen Dienst.

Nebukadnezar empfing Gottes Botschaft in Form eines Traums, Belsazar erhielt sie durch Schriftzeichen, die eine unsichtbare Hand an die Wand des Audienzsaals schrieb. In beiden Fällen benötigten

die Könige jemanden, der ihnen Gottes Botschaft deuten oder ent-
schlüsseln könnte. Beide Male zeigte sich auch, daß die babylonischen Gelehrten dazu nicht in der Lage waren. Deshalb mußte
Daniel gerufen werden, denn er war ein Diener des allein wahren
Gottes, von dem die geheimnisvollen Botschaften stammten. In
beiden Fällen wurde den Königen mitgeteilt, daß Gott sie richten
und strafen würde, und sowohl bei Nebukadnezar als auch bei Bel-
sazar erfüllten sich die Vorhersagen buchstäblich. Das Schicksal beider Könige unterschied sich allerdings deutlich
voneinander. Nebukadnezar bekam zwar für längere Zeit die ange-
kündigten Wahnzustände, aber er wurde wieder geheilt, tat Buße
und wandte sich dem wahren Gott zu. Für Belsazar dagegen gab es
kein Zurück. Noch in derselben Nacht, in der ihm Gottes Gerichts-
spruch mitgeteilt wurde, mußte er sterben, und Babylon fiel in die
Hände der Meder und Perser.

Die Themen dieser beiden Kapitel ähneln sich in vieler Hinsicht,
obwohl sie unterschiedlich entfaltet werden. Das gemeinsame Thema bindet sie im mittleren Teil des Chiasmus, der literarischen
Struktur des aramäischen Textabschnitts des Danielbuchs (Da 2-7),
aneinander. Wie bereits erwähnt, gilt diese chiastische Struktur auch
für die anderen geschichtlichen Teile des Buches Daniel. So sind
beispielsweise die Kapitel 2 und 7 sowie 3 und 6 thematisch miteinander verbunden. Die Kapitel 4 und 5 bilden als unmittelbar miteinander verknüpftes Paar die Mitte des Chiasmus. Bei ihnen wird
die thematische Übereinstimmung deshalb besonders deutlich. Zur
chiastischen Struktur des Buches Daniel siehe auch die Hinweise in
Kapitel 1 (S. 36-38).

## &#x1F4D6; EINSTIEG

## Daniel 4

Lies Daniel 4 zweimal durch. Benutze während der zweiten Lesung
dein Merkheft zu Einträgen im Sinne der folgenden Aufgaben:

1. *Liste auf, welcher Sünde oder Sünden sich Nebukadnezar schuldig gemacht hat.*
2. *Woraus geht hervor, daß Nebukadnezar Gelegenheit zur Buße hatte? Wie lange hatte er Zeit zur Umkehr? Welcher Mittel bediente sich Gott, um ihn zur Umkehr zu bewegen? Anhand welcher der folgenden Begriffe würdest du Gottes Handeln beschreiben: langmütig, barmherzig, unangemessen, rachsüchtig, nachtragend, kleinlich? Begründe deine Meinung.*
3. *Teile eine Seite des Merkhefts in zwei Spalten. Schreibe in die eine Spalte alle Symbole, die im Traum des Königs vorkommen. Vermerke jeweils in der zweiten Spalte dahinter, wie Daniel diese Symbole gedeutet hat.*
4. *Welche Hauptzeiteinheit wird in der prophetischen Botschaft für Nebukadnezar benutzt? Vergleiche diesbezüglich Daniel 7,25 mit 12,7. Was bedeutet deiner Meinung nach der Begriff „Zeiten“ in prophetischen Texten? Begründe deine Antwort.*
5. *Wie beurteilst du die Tatsache, daß Gott einen Menschen bestimmter Verfehlungen wegen zum Wahnsinn verurteilt? Wie äußerte sich der Betroffene selbst zu dieser Strafe?*
6. *Vergleiche Nebukadnezars Reaktion auf Daniels Botschaft am Anfang und am Ende des Kapitels. Schreibe auf, welche Schlüsse sich daraus ziehen lassen.*

## 📖 ERKLÄRUNG

### Der Traum vom Baum

Die Geschichte in Kapitel 4 ist in der Ichform, also aus der Sicht Nebukadnezars, geschrieben worden. Sie beginnt mit der Feststellung:

> Ich, Nebukadnezar, hatte Ruhe in meinem Hause und lebte zufrieden in meinem Palast. Da hatte ich einen Traum, der erschreckte mich, und die Gedanken, die ich auf mei-

nem Bett hatte, und die Gesichte, die ich gesehen hatte, beunruhigten mich (4,1.2).

Nach einer kurzen poetischen Passage, in der Gottes Handeln und seine Herrschaft gepriesen werden, schildert der König seine persönliche Erfahrung. Die Art, in der Nebukadnezar seinen Lobpreis zum Ausdruck bringt, hat auch uns etwas zu sagen. Eine wichtige Lehre aus diesem Kapitel lautet: Auch wir sollten nicht vergessen, Gott für alles zu loben, was er an uns und für uns getan hat. Es gibt keinen Grund anzunehmen, Gott könne oder wolle heute nicht mehr so korrigierend und zugleich segnend in das Leben und Geschick der Menschen eingreifen, wie er es damals tat. Möglicherweise sieht sein Weg mit uns anders aus. Und wenn wir seine Hand in unserem Leben erkennen, sollten wir ihn wie Nebukadnezar dafür loben und preisen.

Nebukadnezar selbst macht keine zeitlichen Angaben, aber aus verschiedenen Hinweisen läßt sich der Zeitrahmen für die genannten Ereignisse in etwa abstecken. Der König erwähnt, daß er glücklich und zufrieden in seinem Palast lebte. Diese Beschreibung trifft am ehesten auf einen Zeitraum etwa in der Mitte seiner 43jährigen Regierungszeit zu. Während des ersten Drittels seiner Herrschaft befand er sich fast pausenlos auf irgendwelchen Feldzügen. Im letzten Drittel war es nicht viel anders. Begriffe wie „Ruhe" und „zufrieden" passen am besten zum mittleren Drittel seiner Regierungszeit.

Zu dieser Zeit hatte Nebukadnezar einen Traum, der ihn stark bewegte, ja beunruhigte. Im Gegensatz zu dem Traum vom Standbild und den vier Weltreichen, der ihm entfallen war, konnte er sich diesmal genau an das Geschaute erinnern. Er spürte auch, daß ihm hier eine wichtige Botschaft übermittelt werden sollte, doch sie war verschlüsselt und er konnte sie nicht deuten. Deshalb schilderte er seinen Gelehrten und Wahrsagern, was er geträumt hatte, und verlangte von ihnen eine Deutung. Doch dazu war niemand in der Lage (Vers 4) – außer einem: Daniel, der Oberste unter den Zeichendeutern (Vers 6).

Ihm teilte der König mit, er habe einen riesigen Baum gesehen, unter dessen Zweigen alle Tiere der Welt Platz hatten und der sie alle ernährte (Verse 7-9). Aber dann sei ein Engel mit dem Befehl vom Himmel herabgekommen, den Baum zu fällen und die Tiere, die unter ihm Schutz gesucht hatten, in alle Winde zu zerstreuen. Allerdings habe es eine gewisse Einschränkung gegeben, denn der Baumstumpf sollte – durch eiserne Ketten gesichert – im Erdboden bleiben (Verse 10-12).

An dieser Stelle geht der Engel von der reinen Symbolsprache ansatzweise zur Deutung über, indem er zeigt: Der Baum stellt einen Menschen und sein Schicksal dar. Das Bewußtsein dieses Menschen sollte sich so verändern, daß er „sieben Zeiten" oder Jahre lang wie ein Tier auf dem Feld leben würde (Verse 13.14). Der Wortlaut läßt vermuten, daß die Strafe nach Ablauf der genannten Frist verbüßt sein sollte, obwohl das nicht ausdrücklich gesagt wird.

Wenn man die Deutung kennt, fragt man sich, warum die babylonischen Weisen dem König nicht sagen konnten, was der Traum bedeutete. Aber in der Rückschau sieht ja bekanntlich alles viel einfacher aus, als es in Wirklichkeit ist.

Einige Dinge sind den Traum- und Zeichendeutern sicher klar gewesen: Der Traum muß sich auf einen Menschen beziehen. Wahrscheinlich geht es um eine bedeutende Persönlichkeit. Blieb nur die Frage: Wer ist tatsächlich gemeint? Für uns ist die Antwort klar: natürlich Nebukadnezar! Den babylonischen Weisen lag diese Erklärung aber keineswegs so nahe wie uns. Sie hätten vermutlich auf einen Feind oder Widersacher des Königs getippt. Aber wie sollten sie den identifizieren? Und selbst wenn jemand auf den Gedanken gekommen wäre, das angedrohte Strafgericht könne Nebukadnezar gelten, hätte er sich wohl gehütet, darüber auch nur ein Wort verlauten zu lassen. Orientalische Könige waren unberechenbar, wenn sie in Wut gerieten, deshalb vermied es jeder, sich ihren Zorn zuzuziehen.

Darüber hinaus schien es unvorstellbar zu sein, daß ein so reicher, mächtiger und berühmter König ein solches Schicksal erleiden sollte. Geisteskrankheit galt als Werk von Dämonen. Doch wie hätten die von einem König, der so von den Göttern gesegnet war, Besitz ergreifen sollen? Außerdem gab es zu jener Zeit keinerlei Anzeichen dafür, daß der Stern Nebukadnezars im Sinken begriffen war. Mitten in einer Periode des Friedens und Wohlstands sowie angesichts der uneingeschränkten Machtfülle Nebukadnezars konnte sich der Traum nicht auf den König beziehen, soviel stand für die Weisen fest. Deshalb widersprach Daniels Deutung nicht nur der Theologie der Weisen oder den politischen Gegebenheiten, sondern auch dem gesunden Menschenverstand.

## Daniel deutet den Traum

Daniel war betroffen, als Gott ihn die Deutung des Traumes wissen ließ (Vers 19). Auch er konnte sich schwer vorstellen, daß einen so mächtigen Herrscher solch ein Unglück treffen sollte. Denn zu Beginn seines Buches hatte Daniel betont, daß Gott Jojakim von Juda in die Hand Nebukadnezars gegeben habe (Da 1,2). Und wenn Gott Nebukadnezar Macht über den König seines eigenen Bundesvolkes gegeben hatte, wieviel mehr mußte das auf alle anderen Könige zutreffen, die der Babylonier besiegt hatte.

In seinem Dankgebet dafür, daß Gott ihn den Traum vom Standbild und dessen Deutung hatte wissen lassen (Da 2,21), hatte Daniel Gott gepriesen: „Er setzt Könige ein und setzt Könige ab." Waren der Aufstieg und die Macht Nebukadnezars nicht ein Zeichen dafür, daß er in der Gunst Gottes ganz oben stand? Jetzt allerdings sollte sich der zweite Teil dieses Satzes ausgerechnet an Nebukadnezar bewahrheiten, daß Gott nicht nur einsetzt, sondern auch absetzt. Das mußte Daniel überraschen und geradezu schockieren.

Trotz seiner Betroffenheit zögerte Daniel nicht, den Traum zu deuten. Wie Nathan bei David, packte Daniel die Sache vorsichtig an. Taktvoll und mitfühlend bereitete er den König darauf vor, daß der Traum sich auf ihn beziehe: „Ach, mein Herr, daß doch der Traum deinen Feinden und seine Deutung deinen Widersachern gelte!" (Vers 16) Wahrscheinlich hatte auch er zunächst an Nebukadnezars Feinde gedacht, als er den Traum des Königs vernommen hatte. Nachdem Gott ihm dann offenbart hatte, worum es wirklich ging, konnte er nicht anders, als dem König Gottes Botschaft auszurichten. Die Identifikation Nebukadnezars mit dem schützenden Baum fiel Daniel nicht schwer. „Das bist du, König!", sagte er und rühmte sogleich Nebukadnezars Macht und Größe. Problematisch wurde es beim zweiten Teil des Traums, wo es heißt:

> Man wird dich aus der Gemeinschaft der Menschen verstoßen, und du mußt bei den Tieren des Feldes bleiben, und man wird dich Gras fressen lassen wie die Rinder, und du wirst unter dem Tau des Himmels liegen und naß werden, und sieben Zeiten werden über dich hingehen, bis du erkennst, daß der Höchste Gewalt hat über die Königreiche der Menschen und sie gibt, wem er will. (Vers 22)

Doch Daniel mußte seine prophetische Rede nicht ohne jeden Hoffnungsstrahl beenden. Zur Prophezeiung gehörte als abschließendes Element auch die Wiedereinsetzung. Er schloß mit einem Aufruf zur Buße:

> Darum, mein König, laß dir meinen Rat gefallen und mache dich los und ledig von deinen Sünden durch Gerechtigkeit und von deiner Missetat durch Wohltat an den Armen, so wird es dir lange wohlergehen. (Vers 24)

Hier fällt auf, daß der Prophet zu mehr als bloß verbaler Umkehr aufruft. Nebukadnezar sollte wissen, daß Gott sich nicht mit Absichtserklärungen zufriedengibt, sondern angemessene Taten erwartet: gerechtes Handeln und Wiedergutmachung. Damit forderte er den Eroberer, der so viel Zerstörung im Nahen Osten angerichtet hatte, dazu heraus, an den Opfern seines Machtstrebens wenigstens einiges wiedergutzumachen. Die Macht dazu hatte Nebukadnezar zweifellos, die Frage war nur: Würde er es auch tun?
Würde Nebukadnezar den vielen militärischen Eintragungen auf seinem Ruhmesblatt nun auch noch ein Kapitel hinzufügen, in dem

etwas von Reue, Sündenbekenntnis und Wiedergutmachung zu lesen stand? Das konnte man freilich nur von einem charakterlich reifen und demütigen Mann erwarten. Gott wollte ihm dazu jedenfalls die Gelegenheit geben, aber er ließ ihn auch wissen, daß er ihn demütigen werde, wenn er nicht von allein zur Demut finden würde.

## Das Ergebnis

Ist es realistisch, von einem heidnischen König wie Nebukadnezar auf Daniels Aufruf hin Buße und Umkehr zu erwarten, wenn nicht einmal die Könige Judas ihren Ungehorsam erkennen wollten, der zum Untergang ihres Volkes geführt hatte?

Man muß sich nur einmal vergegenwärtigen, was Buße für Nebukadnezar bedeutet hätte. Er hätte zugeben müssen, daß es falsch war, den gesamten Nahen Osten mit Gewalt unter seine Herrschaft zu zwingen, ganze Landstriche zu zerstören, Zehntausende von Menschen umbringen zu lassen und Hunderttausende in die Verbannung zu schicken. Er hätte zugeben müssen, daß er sich für die meisten seiner Ruhmestaten eigentlich schämen müßte. Wo hat man jemals von einem der Großen der Weltgeschichte so etwas gehört? Für solch eine Kehrtwendung hatte Nebukadnezar damals offensichtlich nicht die erforderliche innere Größe. Jedenfalls nutzte er die Zeit, die Gott ihm zur Umkehr eingeräumt hatte, nicht

Wie sehr er trotz aller göttlichen Warnungen weiterhin auf seine Macht vertraute und wie stolz er auf seine Leistungen war, zeigte sich etwa ein Jahr später in dem prahlerischen Ausruf: „Das ist das große Babel, das ich erbaut habe zur Königsstadt durch meine große Macht zu Ehren meiner Herrlichkeit." (Vers 27)

Gab es tatsächlich einen Grund, sich selbst so zu rühmen? Aus menschlicher Sicht zweifellos. Nebukadnezar hatte die Stadt gewaltig vergrößert und verschönert. Zuvor bestand Babylon hauptsächlich aus einer kleinen „inneren Stadt". Er erweiterte das Stadtgebiet, ließ Paläste und Wohngebiete bauen. Durch neue Außenmauern und Verteidigungsanlagen machte er Babylon nicht nur sicherer, sondern praktisch uneinnehmbar. Auf der anderen Seite des Euphrats errichtete er die Weststadt (siehe die Karte von Babylon auf Seite 69). Unzählige mit dem Namen Nebukadnezars versehene Ziegel künden noch heute von der enormen Bautätigkeit dieses Königs. Hinzu kam die staatsmännische Leistung Nebukadnezars. Sein Vater hatte das assyrische Joch abgeschüttelt und sein Herrschaftsgebiet in zahlreichen Feldzügen erweitert. Aber es war Nebukadnezars Verdienst, die vielen besiegten Völkerschaften zu einem geeinten Weltreich zusammenzuschmieden.

Wie fest Nebukadnezar alles in der Hand hatte – und das nicht nur mit Gewalt –, zeigt sich an seiner langen Regierungszeit von 43 Jahren. Als Geburtsstunde des neubabylonischen Reiches kann das Jahr seiner Thronbesteigung (605 v. Chr.) angesetzt werden. Das Ende kam mit der Einnahme Babylons durch das medisch-persische Heer im Jahre 539. Etwa zwei Drittel der Geschichte Neubabyloniens wurde demnach von Nebukadnezar geschrieben. Es gab also für den König mehrere Gründe, sich seiner Leistungen zu rühmen.

Bei allem Glanz sollte aber die dunkle Kehrseite nicht übersehen werden. Nebukadnezar bediente sich der gleichen menschenverachtenden Methoden wie die Assyrer. Der Ausbau seiner Hauptstadt und die Ausweitung des Reichs kostete unzähligen Menschen, seien es nun Sklaven oder Soldaten, das Leben. Auch das Leben der eigenen Soldaten hat er bedenkenlos seinem Ehrgeiz geopfert.

Bis vor kurzem glaubte man, Nebukadnezar habe mehr als vier Jahrzehnte relativ unangefochten regiert. Diese Meinung mußte revidiert werden, als die Chroniken über die ersten elf Jahre seiner Regierung gefunden wurden. Im zehnten Jahr seiner Herrschaft mußte er in seiner eigenen Hauptstadt einen gefährlichen Aufstand niederschlagen. Sogar im Palast kam es zum Handgemenge, und der König selbst war darin verwickelt. Wenn Nebukadnezar auch beeindruckende Erfolge vorzuweisen hatte, so mußten seine Untertanen doch letztlich die Zeche teuer bezahlen. Damit aber gaben sich nicht alle zufrieden und versuchten daher, die Fremdherrschaft abzuschütteln.

# DIE STADT
# BABYLON

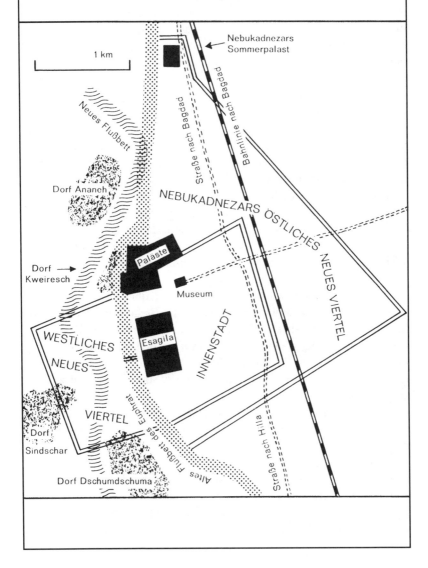

1 km

Nebukadnezars
Sommerpalast

Neues Flußbett

Straße nach Bagdad

Bahnlinie nach Bagdad

Dorf Ananch

NEBUKADNEZARS ÖSTLICHES NEUES VIERTEL

Dorf
Kweiresch

Paläste

Museum

WESTLICHES

NEUES

Esagila

INNENSTADT

VIERTEL

Dorf
Sindschar

Altes Flußbett des Euphrat

Straße nach Hilla

Dorf Dschumdschuma

Dennoch gab es für den König Anlaß genug, auf seine Macht und seine Taten stolz zu sein. Aber in der himmlischen Welt sah man nicht nur die glänzende Seite dieses Herrschers, sondern auch die dunkle. Es gab zu vieles im Leben dieses Mannes, zu dem Gott nicht Ja sagen konnte. Als er sich auch noch seiner Macht und Herrlichkeit rühmte, war das Maß voll. Nebukadnezar glich in seiner Überheblichkeit und Prunksucht genau dem Bild, das der Prophet Jesaja vom König von Babylon gemalt hatte (vgl. Jes 14,12-15). Nun sollte Nebukadnezar die ihm ein Jahr zuvor im Traum angekündigte Strafe ereilen. Er hatte das Jahr der Gnade und Bewährung schlecht genutzt und sich Gott nicht zugewandt, sondern sich mehr und mehr von ihm entfernt. Deshalb wurde der „Baum" gefällt, das heißt, Nebukadnezar verfiel in Wahnvorstellungen und lebte wie ein Tier unter Tieren.

Die Art Geisteskrankheit, unter der er litt, tritt nicht sehr häufig auf, aber sie ist auch aus der modernen psychiatrischen Praxis bekannt. Der Fachausdruck für dieses tierähnliche, genauer: „wolfsähnliche" Verhalten heißt Lykanthropie. Der Patient lebt in der Wahnvorstellung, er sei in einen menschenmordenden Werwolf verwandelt worden.

Im Falle Nebukadnezars hieß das: Er war über längere Zeit unzurechnungsfähig und nicht in der Lage, die Regierungsgeschäfte zu führen. Angesichts dieser Umstände stellt sich natürlich die Frage, wie es ihm gelang, dennoch den Thron zu behalten. Eine bessere Gelegenheit gab es für einen Rivalen nämlich nicht, den geisteskranken König zu beseitigen und an seiner Statt den Thron zu besteigen. Aber das geschah nicht.

Wahrscheinlich erklärt sich das daraus, daß man im Altertum eine andere Einstellung zur Geisteskrankheit hatte, als das heute meist der Fall ist.

Man glaubte, daß Geisteskranke von niederen Göttern (Dämonen) besessen waren, die den Menschen schweren Schaden zufügen konnten. Und man war sich sicher, daß diese Dämonen von dem Besitz ergreifen würden, der einen Geisteskranken tötete. Deshalb war es riskant, sich an solch einem Kranken zu vergreifen. So waren es wohl die babylonische Theologie oder Psychologie, die den kranken König vor Thronräubern schützten.

Mehrere Male betont der Text, daß sich die Wahnvorstellungen über „sieben Zeiten" erstrecken sollten (Verse 13.20.22). Wenn man alle anderen Möglichkeiten abwägt, scheinen „Jahre" die einzige Zeiteinheit zu sein, die zu dem Begriff „Zeiten" in diesem Kapitel paßt. So hat man das auch schon in vorchristlicher Zeit gesehen. Die griechische Übersetzung des Alten Testaments gibt das Wort „Zeiten" in Daniel 4 mit „Jahre" wieder. Demnach hat Nebukadnezar sieben Jahre lang an dieser Geisteskrankheit gelitten.

Mag sein, daß uns Heutigen solch eine Strafe hart und überzogen erscheint, aber eins ist nicht zu leugnen: sie erzielte die gewünschte Wirkung.

Als Nebukadnezar wieder zu Verstand kam, anerkannte er erneut den wahren Gott und betete ihn an (vgl. Da 2,47; 3,28.29). Sowohl am Anfang seines Berichtes (3,32.33) als auch am Ende (4,34) gab er Gott die Ehre. Man beachte, daß er zuerst den Gott des Himmels rühmte und pries, ehe er etwas über sein Reich, die Wiedereinsetzung in seine Stellung und den Wiedererhalt seiner Macht sagte (Vers 32). Er hatte erkannt, daß die göttlichen Dinge den menschlichen vorangestellt sind. Deshalb beschließt er seinen Bericht mit der Feststellung: „Wer stolz ist [wie ich], den kann er [der allerhöchste Gott] demütigen." (Vers 34)

Eine der Fragen, die wir am Anfang dieses Kapitels stellten, lautete: War es recht und billig, daß Gott dieses Urteil über Nebukadnezar fällte? In der Rückschau läßt sich sagen: Ja, Gott war im Recht! Selbst Nebukadnezar erkannte diese Tatsache am Schluß seiner Geschichte an. Während seiner Krankheit wird er das nicht so gesehen haben, aber nach seiner Genesung konnte er selbst in diesem dunklen Abschnitt seines Lebens die Hand Gottes sehen.

Nebukadnezars Äußerungen lassen darauf schließen, daß er den heidnischen Götterglauben aufgrund dieser Erfahrung aufgab und sich dem wahren Gott zuwandte. Aus einem mächtigen, aber zugleich egoistischen und überheblichen Herrscher war ein demütiger Mensch geworden, der zum Glauben an Gott gefunden hatte und ihm vertraute. Gewiß, bis dahin war es ein weiter Weg gewesen, aber Gott hatte sein Ziel erreicht.

Mit dem Bericht über Nebukadnezars Buße und Bekehrung endet die Berichterstattung Daniels über diesen großen König.

## Eine Lektion auch für uns?

Keiner von uns besitzt die Macht und Autorität Nebukadnezars oder verfügt über die Möglichkeiten, die ihm zu Gebote standen, dennoch ähneln wir ihm wohl mehr als uns bewußt ist. Rühmen wir uns nicht auch oft lauthals oder insgeheim all dessen, was wir geleistet, erreicht oder geschafft haben? Findet der anmaßende Anspruch „Das ist das große Babel, das ich erbaut habe" nicht auch einen Widerhall in unserem Leben?

Stolz, Selbstgefälligkeit, Eigensucht und Großtuerei sind mit den Menschen der alten Zeit nicht ausgestorben, sondern leben in uns und um uns herum fröhlich weiter und äußern sich auf die unterschiedlichste Weise. Sie sind geradezu ein Wesensmerkmal der modernen humanistischen Denkweise, die behauptet, daß der Mensch geistig und physisch so souverän ist, daß er keiner Hilfe von außen – schon gar nicht der eines Gottes – bedarf. Das hört sich zunächst gut an, aber diese Sicht der Dinge hält nicht, was sie verspricht. Oft geschehen gerade dann, wenn wir uns in Sicherheit wiegen, Dinge, die unser Selbstvertrauen erschüttern und uns den Boden unter den Füßen wegreißen: sei es eine persönliche Krise wie der Tod eines geliebten Menschen, Krankheit, beruflicher Mißerfolg oder regionale Katastrophen wie Überschwemmungen oder Krieg. Wohl dem, der dann wie Nebukadnezar in die Arme Gottes zurückgeworfen wird, denn nur er allein kann unsere Bedürfnisse wirklich stillen.

In welcher Gestalt solche Krisen auch über uns hereinbrechen mögen, früher oder später wird deutlich werden, daß unsere Mittel nicht ausreichen, um sie zu bewältigen. Wer sich nur auf sich selbst und seine Fähigkeiten stützt, wird erfahren, daß sein Leben eines Tages zu Bruch geht. Die Sicht des Humanismus mit ihrer Betonung der Überlegenheit des Menschen kann die tiefsten Bedürfnisse unseres Seins nicht befriedigen. Nebukadnezar mußte einen weiten Weg gehen, ehe er zu der Erkenntnis gelangte, daß der Mensch etwas braucht, was über ihn selbst hinausreicht. Möglicherweise ist dieser Weg für manchen von uns auch nicht viel kürzer. Nicht der hat in seinem Leben das Höchste erreicht, der sagen kann „Das ist das große Babel, das ich erbaut habe", sondern derjenige, der demütig am Fuße des Kreuzes niederkniet. Wenn wir in Schwierigkeiten geraten oder Rückschläge erleiden, schreien wir meist auf: „Warum gerade ich?" Es fällt uns nicht leicht, sie als Prüfung von Gott hinzunehmen, die unser Vertrauen stärken und unseren Charakter formen sollen. Auch in dieser Hinsicht können wir von Nebukadnezar lernen. Er beklagte sich nicht über die Heimsuchung, nicht darüber, daß seine Krankheit zu schwer gewesen sei oder zu lange gedauert habe. Es gab in dieser Phase überhaupt keine Anklagen gegen Gott, sondern nur Lob und Dank darüber, daß Gott trotz allem seine Hand über ihn gehalten hatte.

Auch für uns kommt es darauf an, in dem, was uns begegnet, Gottes führende Hand zu erkennen. Wenn wir Gottes Führung richtig deuten, werden wir nicht anzweifeln wollen, was er bei uns zuläßt – selbst dann nicht, wenn unser Weg durchs finstere Tal führen sollte. Das ist gewiß nicht leicht, aber es ist möglich, wie das Beispiel Nebukadnezars zeigt. Auch in unserer Erfahrung mögen Dank und Lob Gottes die Erinnerung an Nöte und Beschwernisse verblassen lassen.

## 📖 EINSTIEG

### Daniel 5

Lies Daniel 5 zweimal durch. Beantworte dann die nachfolgenden Fragen, indem du die in diesem Kapitel aufkommenden Probleme durchdenkst und in dein Merkheft einträgst:

*1. Welcher Sünden machte sich Belsazar deiner Meinung nach schuldig? Welche Verhaltensweise erscheint dir besonders verwerflich? Warum?*

2. *Woraus läßt sich schließen, daß Daniel nicht zu den Teilnehmern des Banketts gehörte? Welche Gründe könnte das gehabt haben?*

3. *Woran erinnerte Daniel den Belsazar angesichts dessen gotteslästerlichen Verhaltens? Warum erforderte das Mut? Welche Schlüsse können wir aus Daniels Haltung ziehen?*

4. *Welche Elemente umfaßt das angekündigte Gericht? Meinst Du, daß der König auch in dieser Stunde noch eine Möglichkeit der Umkehr gehabt hätte? Begründe deine Antwort.*

5. *Nebukadnezar sündigte, wurde vom Thron verstoßen und kehrte zur Herrschaft zurück. Belsazar sündigte ebenfalls, aber er verlor die Herrschaft unwiederbringlich. Hältst du das für gerecht oder Willkür? Begründe deine Meinung. Worin unterscheiden sich beide Fälle?*

## 📖 ERKLÄRUNG

### Das Staatsbankett

Kapitel 5 beginnt damit, daß Belsazar zu einem Staatsbankett eingeladen hatte. Das mag insofern befremdlich sein, als zur gleichen Zeit das persische Heer vor den Toren der Stadt stand. Wenn man allerdings bedenkt, daß die Stadt ihrer außergewöhnlich starken Verteidigungsanlagen wegen praktisch uneinnehmbar war, kommt einem das Selbstvertrauen Belsazars, das sich in diesem Fest niederschlug, nicht mehr ganz so abwegig vor.

Babylon verfügte über zwei Verteidigungsringe, die aus jeweils zwei Mauern bestanden. Die beiden inneren Mauern waren 3,60 m und 6,60 m breit. Die Mauern des äußeren Rings maßen 7,20 m und 7,80 m. Wer also ins Innere der Stadt eindringen wollte, wo sich der Königspalast und der Haupttempel befanden, mußte ein Bollwerk von rund 25,50 m Dicke durchbrechen. Und das an vier verschiedenen Abschnitten, die alle gut verteidigt wurden (vgl. die Karte von Babylon auf Seite 69). So verwunderlich war es also nicht, daß sich Belsazar trotz der Belagerung sicher fühlte und seinerseits Zuversicht demonstrieren wollte.

Offenbar war alles, was in Babylon Rang und Namen hatte, zu diesem Festmahl eingeladen. Auch die Königin, die Nebenfrauen des Königs und sogar seine Konkubinen fehlten nicht (Vers 1.2). Wahrscheinlich nahm auch Belsazars Mutter teil, obwohl manche Bibelausleger meinen, der Hinweis in Vers 10 könne sich auch auf des Königs Hauptfrau beziehen.

Bei diesem Bankett floß der Wein in Strömen, und wahrscheinlich auch das Bier (Vers 2). Die Babylonier waren nämlich wegen ihrer Braukunst berühmt, und es gibt eine Reihe von Tontafeln, auf denen das Brauverfahren beschrieben wird. Vermutlich ist Bier gemeint, wenn die Bibel von „starkem Getränk" spricht, und man hat den Eindruck, daß die biblischen Autoren „starkes Getränk" deutlicher ablehnten als alkoholhaltigen Wein.

Statistiken belegen, daß heutzutage der Prozentsatz der Verkehrsunfälle und Verbrechen, bei denen Alkohol im Spiel ist, erschreckend hoch ist. Alkohol in jeglicher Form ist eine Droge, die das Denk- und Urteilsvermögen beeinträchtigt, die Reaktionsfähigkeit schmälert und sich darüber hinaus negativ auf das sittliche Verhalten auswirkt – ganz zu schweigen von den körperlichen Schäden, die der Alkoholgenuß mit sich bringt. Das ist heute nicht anders, als zu Belsazars Zeiten.

Aber das „Saufgelage" an sich ist in dieser Geschichte nicht der springende Punkt, sondern die sich daraus ergebende Gotteslästerung. Der betrunkene Belsazar kam im wahrsten Sinne des Wortes auf eine „Schnapsidee". Er ließ die aus dem Jerusalemer Tempel geraubten heiligen Gefäße holen, um sich über den Gott der Juden lustig zu machen, indem er seinen Kumpanen mit den goldenen Bechern zuprostete (Vers 3; vgl. 2 Kön 24,12.13). Möglicherweise wurden auf diese Weise auch heilige Gefäße aus den Tempeln anderer Gottheiten entweiht. Wichtig ist dabei, daß es in der Absicht geschah, die Götter der unterdrückten Völker zu verhöhnen.

Hinter dieser Idee steckte nicht nur bierseliger Übermut, sondern eine ganz bestimmte Weltsicht und Theologie. Der babylonische Götterhimmel war reich bestückt mit den verschiedensten Gottheiten. Damals glaubte man, daß sich die Götter menschlicher

Werkzeuge bedienten, um auf der Erde tätig zu werden. Zugleich war man davon überzeugt, daß sich alle Geschehnisse zugleich auf zwei Ebenen abspielen. Das heißt, was hier auf Erden geschieht, ist nur das Abbild dessen, was sich gerade in der Götterwelt zuträgt. Wenn die Babylonier also ein anderes Volk besiegten, glaubten sie, daß ihr Gott Marduk den Sieg über den Gott dieses Volkes davongetragen hatte.

Die Tatsache, daß die jüdischen Tempelgefäße in seiner Schatzkammer lagen, zeigte Belsazar, wie sehr Marduk dem Gott der Juden überlegen sein mußte, der nicht einmal seinen Besitz verteidigen konnte. Und das wollte der betrunkene König nun vor seinen Gästen ein für alle Mal klarstellen. Doch seine Theologie war schief. In Wirklichkeit war er gerade dabei, eine Gotteslästerung zu begehen.

## Die Schrift an der Wand

Gott reagierte auf diese Lästerung prompt. Sein Urteil über den König war in Form einer Prophezeiung für alle sichtbar an der Wand des Festsaals zu lesen (Verse 5.6). Dank archäologischer Funde können wir uns heute ein ziemlich genaues Bild von dem Ort machen, an dem sich das alles abspielte.

Der Palastkomplex lag genau hinter dem großen Ischtartor im Norden der Innenstadt (vgl. die Karte von Babylon auf Seite 69). Wer die Prozessionsstraße von Norden kommend betrat, das Tor durchschritt und dann nach rechts in Richtung Euphrat abbog, stieß direkt auf den Palastkomplex. Die Gebäude waren um einen Mittelhof angeordnet. Der große Audienzsaal, in dem wahrscheinlich das Bankett Belsazars stattfand, lag an der Südseite.

Die aus farbigen, glasierten Ziegeln bestehende Außenfront des Gebäudes war mit Ornamenten und kunstvollen Figuren geschmückt. Unter anderem waren dort Löwen abgebildet, die an das erste „Tier" aus Daniel 7,4 erinnern, das Babylon symbolisierte. Die Saalwände waren weiß getüncht, so daß sich der geheimnisvolle Schriftzug gut leserlich vom Hintergrund abgehoben haben dürfte.

Belsazar und seine Gäste erschraken, als die Schrift an der Wand erschien. Er „entfärbte" sich vor Furcht und „seine Beine zitterten" (Vers 6). Jeder fragte sich, was diese seltsame Schrift wohl zu bedeuten habe, aber niemand konnte ihren Sinn verstehen. Nicht einmal die sofort herbeigerufenen Gelehrten konnten das Rätsel lösen (Verse 7-9).

In dieser Situation erinnerte sich die Mutter des Königs an zwei Geschehnisse, die sich vor ungefähr einem halben Jahrhundert bei Hofe zugetragen hatten (Vers 10). Damals, es war noch zur Regierungszeit Nebukadnezars, hatte ein weiser hebräischer Ratgeber Träume des Königs gedeutet. Und das, was er vorausgesagt hatte, war wirklich eingetroffen. Auf ihr Drängen hin ließ Belsazar Daniel holen (Verse 10-13).

Das Gespräch zwischen Belsazar und Daniel drehte sich um drei Dinge. Erstens wollte der König selbstverständlich wissen, was der Schriftzug an der Wand bedeutete. Zum andern aber ist in diesem Zusammenhang seine Bemerkung beachtenswert, er werde Daniel zum „Dritten" im Königreich machen, wenn er die Schrift deuten könne (Vers 16).

Warum ist hier von einem dritten Platz im Reich die Rede und nicht vom zweiten, wie man es eigentlich erwarten müßte? Diese scheinbar nebensächliche Bemerkung wirft ein bezeichnendes Licht auf die damals außergewöhnliche politische Situation in Babylon.

Der erste Mann im Staat war König Nabonid, Belsazars Vater. Da er sich aber häufig für längere Zeit außerhalb des Königreichs aufhielt, zum Beispiel ganze zehn Jahre in Tema in Arabien, hatte er seinen Sohn zum Mitregenten gemacht, der in der Hauptstadt residierte. In einer babylonischen Quelle heißt es, Nabonid „vertraute ihm [Belsazar] das Königreich an". Belsazar war also der zweite Mann im Staat.

Inzwischen war Nabonid offenbar ins Reich zurückgekehrt, da die Bedrohung von außen ungeahnte Ausmaße erreicht hatte. Durch die vom Osten heranstürmenden Meder und Perser war der Untergang Babylons in Reichweite gerückt. Deshalb brauchte das Land gerade jetzt zwei Herrscher. Den einen als Heerführer, der sich dem Ansturm der Feinde entgegenwarf, und einen zweiten, der dem kämpfenden König den Rücken freihielt, indem er die Herrschaft nach innen absicherte. Nabonid übernahm den Part des Feldherrn und führte einen Teil des Heeres zum Tigris, um dort gegen Kyros und seine Truppen zu kämpfen. Belsazar blieb mit dem anderen Teil des Heeres in Babylon, um die Hauptstadt zu schützen. Nabonid wurde am vierzehnten Tag des Monats Tischri geschlagen; zwei Tage später fiel die Hauptstadt in die Hände der Meder und Perser. Fachleute aus den Bereichen Astronomie und Assyriologie sind sich aufgrund der ihnen zur Verfügung stehenden Aufzeichnungen ziemlich sicher, daß die Stadt Babylon am 12. Oktober 539 v. Chr. eingenommen wurde.

Das Angebot, Daniel zum „Dritten" im Königreich zu machen, sozusagen zum Premierminister, war also sachlich völlig korrekt. Das spricht übrigens für eine frühe Datierung des Danielbuchs. Die Geschichtsschreiber späterer Jahrhunderte wußten von all diesen Dingen nichts mehr, sie kannten nicht einmal König Belsazar. Nur jemand, der im Babylon des 6. vorchristlichen Jahrhunderts gelebt hatte, konnte von dieser ungewöhnlichen Machtaufteilung und all den Einzelheiten Kenntnis haben. Als Lohn für die Entschlüsselung des geheimnisvollen Spruchs an der Wand wurde Daniel gegen seinen Willen zum dritten Mann im Staat erhoben, aber er blieb es nur wenige Stunden, denn noch in derselben Nacht fiel die Stadt in die Hände der Perser und Belsazar fand den Tod (Vers 29.30).

Im letzten Teil des Gesprächs zwischen Daniel und Belsazar ging es um den Stolz und die Erniedrigung Nebukadnezars. Offenbar wollte er dem König damit klarmachen, daß es besser gewesen wäre, aus der Geschichte seiner Vorfahren entsprechende Schlüsse zu ziehen (Verse 18-21).

Wäre das geschehen, hätte das Beispiel seines Großvaters Belsazar vor der verhängnisvollen Gotteslästerung bewahrt. Aus dessen Erfahrung hätte er lernen können, den wahren Gott anzuerkennen, dessen Macht den bedeutendsten Herrscher des neubabylonischen Reiches in die Schranken verwiesen hatte. Doch Belsazar hatte sich nicht um solche Erfahrungen geschert, sondern war bewußt seinen eigenen Weg gegangen. Daniel hielt ihm vor: „Aber du hast dein Herz nicht gedemütigt, obwohl du das alles wußtest." (Vers 22) Aus zeitgenössischen Quellen wissen wir, daß sich Nabonid und Belsazar ganz bewußt und im Gegensatz zu Nebukadnezar für die Anbetung heidnischer Götter entschieden hatten. Sie verehrten nicht nur Marduk, den Hauptgott Babylons, sondern auch den Mondgott Sin. Vor allem Nabonid war ein Verehrer dieses Gottes. So ließ er beispielsweise in Babylonien und Syrien zerstörte Sin-Tempel wieder aufbauen und prächtig ausstatten. Und selbst in Arabien errichtete er Sin einen Tempel.

Es ist höchst interessant, den Zusammenhängen nachzugehen, die offenbar zwischen der Verehrung des Mondgottes und den Vorgängen in jener Oktobernacht, als Babylon fiel, bestehen. Der entscheidende Angriff der Perser auf Babylon begann am Abend des fünfzehnten Tischri und wurde in den Morgenstunden des sechzehnten Tischri beendet. In dieser Nacht war Vollmond. Babylon fiel also, als Sin, der Mondgott, nach babylonischer Anschauung am mächtigsten war und die Nacht mit seinem Glanz erleuchtete. Obwohl Nabonid Sin als einen der mächtigsten babylonischen Götter verehrt hatte, erwies sich nun für jedermann, daß er den Plänen des wahren Gottes nichts entgegensetzen konnte. Wie Gott es vorausgesagt hatte, war es eingetroffen. Seine Souveränität über die Natur (Mond) und menschlichen Machtzentren traten klar zutage. Nichts konnte Jahwe davon abbringen, seine Absichten zu verwirklichen, schon gar nicht ohnmächtige Götzen wie Sin oder Marduk.

Noch ein weiterer kalendarischer Aspekt läßt sich mit den damaligen Ereignissen verbinden. Tischri war sowohl im jüdischen wie auch im babylonischen Kalender der siebente Monat des Jahres. Das Fest des jüdischen Versöhnungstages (Yom Kippur) fiel auf den zehnten Tag des Monats Tischri. Das heißt, dieser Versöhnungstag fand gerade fünf Tage vor dem Fall Babylons statt. Als Daniel die Schrift an der Wand las, deutete er den Sinn des Wortes *tekel* folgendermaßen: „Man hat dich auf der Waage gewogen und zu leicht befunden." (Vers 27) Das Verb für „wiegen" steht hier in der Vergangenheitsform. Wann könnte Gott ein solches Urteil über Babylon gefällt haben? Von allen Tagen des jüdischen Kalenders war der Versöhnungstag dafür am geeignetsten. Das war nämlich für die Israeliten seit alters ein Tag des Gerichts. Diesen Gerichtscharakter spiegeln die Rituale in der Synagoge bis heute wider. Gott hätte zu keinem passenderen Zeitpunkt das Urteil über Belsazar und Babylon fällen können, als dem Versöhnungstag, der fünf Tage vor dem Untergang dieses Reiches begangen wurde. Der Schriftzug an der Wand bestand aus vier Wörtern (Vers 25). Das erste Wort *mene* wird wiederholt. Daniel deutet *mene* als: „Gott hat dein Königtum gezählt und beendet". Diese Doppelung ist wahrscheinlich kein Zufall. Sie könnte andeuten, daß beide Könige – Nabonid und Belsazar – gemeint waren, und daß keiner von ihnen weiterregieren würde. Beider Herrschaft sollte zum selben Zeitpunkt beendet werden – bei Belsazar durch den Tod und bei Nabonid durch seine Niederlage und Flucht ins Exil.

Vom dritten Wort, *tekel*, war schon die Rede. Der letzte Begriff *Parsin*, nennt die Macht, in deren Hände Gott die Herrschaft über Babylon nach dem Fall der chaldäischen Dynastie geben wird: die Perser. Das medo-persische Weltreich dehnte sich so weit aus, daß es sich zum Schluß alles einverleibte, was früher zum babylonischen Weltreich gehörte. „Dein Reich ist zerteilt und den Medern und Persern gegeben." (Vers 28)

Der griechische Geschichtsschreiber Herodot hat dieses Gebiet hundert Jahre nach jenen Ereignissen bereist. Aufgrund von Berichten Einheimischer schildert er, auf welche Weise das medo-persische Heer Babylon eingenommen hat.

Die Perser hatten den Euphrat abgeleitet und waren nachts durch das trockengelegte Flußbett in die Stadt eingedrungen. So konnten sie Babylon trotz der unüberwindlichen Festungsanlagen im Handstreich erobern. („Historien", 7:1). In diesem Zusammenhang ist vielleicht noch interessant, daß der Euphrat ausgerechnet im Monat Tischri (Oktober), seinen niedrigsten Wasserstand hat, so daß eventuell nicht einmal viel Wasser umgeleitet werden mußte. Hier paßte für Babylons Feinde wirklich alles zusammen.

Allerdings gab es noch ein Hindernis, an dem die Einnahme der
Stadt hätte scheitern können. Das waren die Tore, mit denen Babylon zum Fluß hin gesichert war. Zwar wurden sie nicht sehr streng
bewacht, doch hätten die Perser sie mit Gewalt aufbrechen müssen.
Historiker vermuten, daß es in Babylon Regimekritiker gegeben
haben muß, die in den Persern ihre Befreier sahen und ihnen deshalb die Tore von innen öffneten. Nabonid scheint ein unbeliebter
König gewesen zu sein. Verschiedene Texte, die nach dem Fall
Babylons geschrieben wurden, legen sogar den Verdacht nahe, daß
er zeitweise geistig verwirrt gewesen sein muß. Solche Informationen könnten natürlich auch Teil einer persischen Verleumdungs-
kampagne gewesen sein, um die Bevölkerung für das neue Regime
zu gewinnen.

Wie immer die Perser das Problem mit den Stadttoren auch gelöst haben mögen, ob mittels Verrat oder auf andere Weise, fest
steht, daß gerade diese Aktion schon vom Propheten Jesaja (45,1-3)
vorausgesagt worden war:

> So spricht der Herr zu seinem Gesalbten, zu Kyros, den
> ich bei seiner rechten Hand ergriff, daß ich Völker vor ihm
> unterwerfe und Königen das Schwert abgürte, damit vor ihm
> Türen geöffnet werden und Tore nicht verschlossen bleiben.
> Ich will vor dir hergehen und das Bergland eben machen,
> ich will die ehernen Türen zerschlagen und die eisernen
> Riegel zerbrechen und ich will dir heimliche Schätze geben
> und verborgene Kleinode, damit du erkennst, daß ich der
> Herr bin, der dich beim Namen ruft, der Gott Israels.

Diese Prophezeiung liegt vielen kritischen Theologen schwer im
Magen, zumindest denen, die behaupten, daß es keine echte Prophetie gibt. Sie müssen sich nämlich fragen, wie es möglich ist, daß
jemand, der im 8. Jahrhundert v. Chr. lebte, so genau Ereignisse
voraussagen konnte, die erst 300 Jahre später eintraten. Und was
besonders erstaunlich ist, Jesaja nennt schon den Namen des Sie-
gers: Kyros. Weil aber nicht sein kann, was nicht sein darf, mußte
man nach einer plausiblen Erklärung suchen. Die wurde auch ge-

funden, indem man behauptete, das Buch Jesaja sei nicht nur von einem Autor verfaßt, sondern es gäbe mindestens zwei Verfasser, von denen der zweite in der Zeit des Untergangs Babylons gelebt haben müsse. Der biblische Text sei deshalb nicht Prophetie, sondern in Wirklichkeit nur manipulierte Geschichtsschreibung.

Es gibt aber auch andere, die sich solchen Hypothesen nicht anschließen mögen, weil sie davon überzeugt sind, daß Gott inspirierten Menschen sehr wohl zukünftige Dinge offenbaren kann. Für sie sind solche Prophezeiungen ein Hinweis auf die Allwissenheit Gottes und die Bestätigung dafür, daß er sich seinen Knechten, den Propheten, mitgeteilt hat. Und wenn sie erleben, wie sich prophetisches Wort über Jahrhunderte hinweg buchstäblich erfüllt, stärkt das nur noch ihr Vertrauen.

Die Erfüllung biblischer Weissagung kann auf verschiedenen Wegen erfolgen. Manchmal sagt Gott lediglich vorher, wie sich Menschen in bestimmten Situationen verhalten werden oder wie eine Entwicklung verlaufen wird. Das bedeutet, er sieht einfach voraus, was geschehen wird. In anderen Fällen läßt Gott mitteilen, daß er unmittelbar in die Geschichte eingreifen wird. Solch aktives Eingreifen läßt sich mehrfach im Buch Daniel nachweisen, z. B. in den Kapiteln 3 und 6.

Auch die geheimnisvollen Schriftzeichen an der Wand des Thronsaals gehören in diese Kategorie. Belsazar und seine Gäste wußten sofort, daß hier eine übernatürliche Macht die Hand im Spiel hatte. Hier war kein babylonischer Künstler oder Zauberer am Werk. Entweder war es ein Engel oder Gott selbst, der hier aktiv war. Und wenn das im Königspalast der Fall war, dann könnte man auch auf den Gedanken kommen, daß die Tore nicht unbedingt von Verrätern geöffnet worden sein müssen, sondern daß Gott auch hier auf übernatürliche Weise eingegriffen haben könnte, möglicherweise durch denselben Engel, der kurz zuvor in der Nähe an die Wand geschrieben hatte.

Aus dem Neuen Testament wissen wir, daß Türen und Tore für ihn kein Hindernis sind. Als Petrus in Jerusalem im Gefängnis saß, sandte Gott einen Engel, der die verschlossenen Türen öffnete und ihn trotz strenger Bewachung aus dem Kerker herausholte (Apg 12,10).

Im Blick auf die Einnahme Babylons durch Kyros wäre es durchaus denkbar, daß sich Gott nicht auf menschliche Hände verließ, sondern auf übernatürliche Weise dafür sorgte, daß sich erfüllte, was er durch Jesaja vorausgesagt hatte.

## Die Folgen

Die Ereignisse jener Nacht hatten mehrere bedeutsame Auswirkungen. Die Botschaft des geheimnisvollen Schriftzugs an der Wand kündigte zwar weitreichende politische Folgen an, war aber zunächst eine prophetische Mitteilung an Belsazar persönlich. Für ihn bedeutete sie nicht nur Machtverlust, sondern auch Tod: „Aber in derselben Nacht wurde Belsazar, der König der Chaldäer, getötet, als die persischen Truppen in den schutzlosen Palast eindringen." (Da 5,30)

Der griechische Geschichtsschreiber Xenophon (Kyrupädie VII, V, 24-32) bestätigt den biblischen Bericht. Er nennt zwar nicht den Namen Belsazar, erwähnt aber ein Bankett im babylonischen Königspalast, bei dem ein König von Babylon getötet worden sei. Er scheint auch die Hintergründe zu dieser Tat gekannt zu haben, von denen der biblische Bericht nichts sagt. Laut Xenophon soll Nabonid, der Hauptkönig von Babylon, anläßlich einer Jagd den Sohn des Gobryas getötet haben, jenes persischen Generals, der in dieser Nacht die feindlichen Truppen befehligte. Als Vergeltung für den Tod seines Sohnes, so schreibt Xenophon, soll Gobryas den Sohn Nabonids getötet haben.

Wichtiger als das persönliche Schicksal Belsazars waren die Auswirkungen auf das Geschick der Völker. Die Weltmacht Babylon war gestürzt worden, und nun ging der Stern der Perser auf. Medo-Persien sollte seine Grenzen sogar noch über die Babylons hinaus ausweiten. Die ehemalige Welthauptstadt Babylon war plötzlich nicht mehr das Zentrum der Macht, auch wenn sie den persischen Königen noch eine Zeitlang als Winterresidenz diente. Als sich Babylon 482 v. Chr. gegen Xerxes (den Ahasveros des Buches Ester) auflehnte, schlug der Perserkönig den Aufstand mit äußerster Härte nieder. Seitdem sank Babel mehr und mehr in die Bedeutungslosigkeit hinab. Doch der entscheidende Wendepunkt war im Jahr 535 erfolgt. Das Buch Daniel verbindet Prophetie und Geschichte miteinander. Die großen Linien der prophetischen Geschichtsschreibung, die Daniel skizziert hat, haben ihre Wurzeln in der Geschichte seiner Zeit. Die erste Weltmacht, von der die Prophezeiungen in Daniel 2 und 7 berichten, war Babylon – dargestellt durch das goldene Haupt in Kapitel 2 (Verse 32.37) und durch den Löwen in Kapitel 7 (Vers 4).

Daniel erlebte sowohl die babylonische Zeit (Da 1 bis 5, 7, 8) als auch die Periode der persischen Oberhoheit (Da 6 und 9-12) als Augenzeuge – und somit die Erfüllung des ersten Teils der größten prophetischen Schau, die Gott ihm gegeben hatte.

Offensichtlich hat Daniel die prophetische Botschaft an Belsazar nicht nur weitergegeben, sondern auch ihre weltpolitische Bedeutung erkannt. In seiner Vorrede erwähnte er nämlich ausdrücklich, daß der König die „Götter aus Silber und Gold, aus Bronze, Eisen und Stein gerühmt" hatte (Vers 23 EB).

Wer die Prophezeiung in Daniel 2 gelesen hat, dem klingt die Aufeinanderfolge der Begriffe vertraut. Das große Standbild wird ebenfalls anhand einer Folge von Materialien beschrieben, deren Wert immer geringer wird: Gold, Silber, Bronze, Eisen und Ton (Verse 31-35 EB).

Abgesehen davon, daß in Daniel 5 der „Ton" durch „Holz" ersetzt ist, gibt es noch eine Besonderheit. Bei der Aufzählung des Materials, aus dem die Götterbilder gefertigt waren, nennt der Prophet das Silber vor dem Gold, obwohl es vom Wert her hätte umgekehrt sein müssen.

Eine Erklärung für diese Veränderung könnte die sein, daß Daniel erkannt hatte: Die Prophezeiung von den wechselnden Weltreichen (Da 2) beginnt sich in dieser Nacht zu erfüllen, denn das Silber verdrängte das Gold!

## Persönliche Lehren

Abgesehen von ihrer prophetischen und geschichtlichen Bedeutung kann man diesen Erzählungen auch ganz persönliche Lehren entnehmen. Im Blick auf Belsazars Verhalten liegt das Urteil nahe: „Welch ein törichter Mensch. Wie kann man sich nur so gehen lassen? Hatte dieser Mann denn nichts aus der Geschichte seines Großvaters Nebukadnezar gelernt?" Vielleicht stünde uns ein wenig Nachsicht und Milde besser an. Nicht, um Belsazars verwerfliches und lästerliches Verhalten zu entschuldigen, sondern um uns nicht selbst das Urteil zu sprechen. Trotzen wir nicht auch oft – versteckt oder offen – dem, was uns Gott durch sein Wort und seine Propheten mitgeteilt hat? Gehen wir nicht mitunter eigene Wege, obwohl der Herr uns ganz klar gesagt hat, welches sein Weg ist? Ist Gott nicht auch bei uns manchmal auf taube Ohren und geschlossene Augen gestoßen, wenn wir auf ihn hätten hören und sehen sollen? Mag sein, daß wir uns nicht des Götzendienstes oder der Gotteslästerung schuldig gemacht haben wie Belsazar, aber Gottes Gnade kann man auch auf andere Weise mißachten oder verwerfen.

Seit Nebukadnezar hatte Gott dem babylonischen Königshaus seine Gnade und Barmherzigkeit erwiesen, doch Belsazar verschmähte sie. Könnte es sein, daß es uns ähnlich geht? Auch die Begründer unsrer Gemeinschaft, unsere geistlichen Vorfahren, haben Gottes Gnade erfahren. Aber darum geht es nicht. Es geht vielmehr darum, ob wir Gottes Gnade angenommen haben und unser Leben wirklich entsprechend umgestalten lassen. Oder liegt uns eigentlich mehr daran, daß alles so bleibt, wie es ist? Möge uns das törichte Verhalten Belsazars davon abhalten, heute den gleichen Fehler zu begehen.

In Daniel 5 ist auch von Gericht die Rede. Gott zieht sowohl den einzelnen als auch ganze Völker zur Rechenschaft. Babylon und Belsazar wurden auf der Waage des Gerichts gewogen und zu leicht befunden (Vers 27). In der einen Waagschale lagen Gottes Barmherzigkeit und Gerechtigkeit, in der anderen häuften sich Belsazars und Babylons Stolz, Machtgier, Gewalttätigkeit und Gottesfeindschaft. Dennoch hätte sich die Waage zu Gunsten Belsazars neigen können, denn Gottes Barmherzigkeit wiegt allemal schwerer als die Sünde, man muß sie nur annehmen.

In unserer Welt und Gesellschaft heute ist Gottes Gericht kein Thema, über das man diskutieren möchte. Wenn es darum geht, andere vor einem Gericht zur Rechenschaft zu ziehen, setzen wir meist alle Hebel in Bewegung, um zu erlangen, was uns zusteht. Wenn es um unsere Rechenschaft vor Gott geht, tun wir uns manchmal ziemlich schwer. Am liebsten wäre es uns wahrscheinlich, wenn Gott uns in Ruhe ließe und nicht zur Verantwortung zöge. Schon z. Zt. der Propheten war das Thema vom Gericht Gottes wenig populär. Wenn uns die alttestamentlichen Propheten etwas lehren können, dann ist es die Tatsache, daß sich zu allen Zeiten die Mehrheit des Gottesvolkes ihrer moralischen Verantwortung zu entziehen suchte und gleichwohl hoffte, dem Gericht Gottes entgehen zu können.

Jesus beschrieb diese Verhaltensweise im Gleichnis vom reichen Bauern. Die ihm von Gott geschenkte reiche Ernte machte ihn nicht dankbar, sondern nur noch habgieriger. Um sein Leben für lange Zeit zu sichern, ließ er seine alten Scheunen abreißen und größere bauen. Daß Besitz auch soziale Verantwortung mit sich bringt, kam ihm nicht in den Sinn. Das Wort „teilen" scheint es in seinem Wortschatz nicht gegeben zu haben. Aber gerade das forderte Gott von ihm, denn wem Barmherzigkeit widerfährt, von dem wird sie auch erwartet. Schließlich sagte Gott, was gesagt werden mußte: „Du Narr! Diese Nacht wird man dein Leben von dir fordern!" (Lk 12,20) Das war exakt das Urteil, das einige Jahrhunderte zuvor über Belsazar gefällt worden war. So könnte es auch eines Tages uns ergehen. Das liegt ganz an uns!

Völlig anders das Beispiel Daniels. Obwohl er Gericht zu verkündigen hatte, stand er aufrecht vor einem unberechenbaren Tyrannen, denn er wußte, daß er Gott auf seiner Seite hatte. Sein Gottvertrauen scheint unabhängig gewesen zu sein von den jeweiligen Gegebenheiten. Für ihn spielte es offenbar keine Rolle, ob er auf der Leiter des Erfolgs ganz oben stand, wie zu Zeiten Nebukadnezars, oder den Löwen zum Fraß vorgeworfen wurde, wie unter der Herrschaft des Darius. Ganz gleich, woher der politische Wind wehte – ob aus Babylon oder aus Persien –, Daniel blieb wie die Magnetnadel auf den Pol ausgerichtet – er war seinem Gott und seinen Pflichten gleichermaßen treu. Die eigentlich wichtige Person in Daniel 5 ist deshalb nicht Belsazar, sondern Daniel. Der König mag uns als Warnung und Abschreckung dienen, der Prophet dagegen kann uns ein Vorbild für Glauben und Vertrauen sein, das uns in das Reich Gottes führt.

Daniel wußte, daß Gott die Geschicke dieser Welt in Händen hält, unabhängig davon, welche irdische Weltmacht sich gerade in der Geschichte tummelt. Er durfte in seinem langen Leben erfahren, daß sich die Geschichte letztlich auf Gottes Ziel mit ihr zubewegt. Und sein Glaube wurde bestätigt, als er sah, wie sich bei der Eroberung Babylons durch die Perser der erste Schritt der großen Prophezeiungen genau so erfüllte, wie es vorausgesagt war.

Was für Daniel größtenteils noch Zukunftsmusik war, sehen wir fast alles schon in der Rückschau. Der Prophet lebte – nach den Worten aus Daniel 2 – zur Zeit des „Goldenen Haupts", wir dagegen in der Epoche von Eisen und Ton. Wir warten auf den nächsten und letzten Schritt, der die Errichtung des Reiches Gottes bringt. Wenn wir die Geschichte überschauen, stellen wir fest, daß die Reiche kamen und gingen, wie Gott es durch Daniel vorausgesagt hat. Darum sollten wir heute getrost und zuversichtlich sein. Denn wenn sich in der Vergangenheit erfüllt hat, was Gott durch seinen Propheten voraussagen ließ, wird auch eintreffen, was er für die Zukunft verheißen hat.

## Geschichtliche Lehren

Wir können nicht nur den prophetischen Botschaften Daniels vertrauen, sondern auch seinen geschichtlichen Darstellungen. Bibelkritiker haben versucht, die historische Glaubwürdigkeit des Buches Daniel zu untergraben und damit auch die Zuverlässigkeit seiner

Prophezeiungen in Zweifel zu ziehen. Dieser Versuch ist mißlungen – und zwar nirgendwo deutlicher als in bezug auf Daniel 5. Zunächst wurde geleugnet, daß es jemals einen babylonischen König namens Belsazar gegeben hat. Als dann aber die Tontäfelchen aus den Schutthügeln Mesopotamiens ans Tageslicht kamen, bestätigten sie die biblischen Angaben voll und in eindrucksvoller Weise.

Eine genaue Untersuchung des geschichtlichen Umfelds dieses Kapitels zeigt, wie genau der Verfasser das Babylon des 6. Jahrhunderts kannte. Wenn es möglich wäre, Daniel zu fragen, welcher König in der Nacht der Einnahme Babylons im Palast war, würde er antworten: Belsazar! Hätte ein anderer als Daniel das prophetische Buch geschrieben – und zwar wie behauptet wird, Jahrhunderte später –, würde er dieselbe Frage so beantworten: Es war Nabonid! Denn zu der Zeit, als das Buch Daniel angeblich geschrieben worden sein soll, entsprach das dem Stand des Wissens. Der letzte König Babylons war Nabonid, von Belsazar hatte nie jemand etwas gehört.

Doch Daniel erwähnt Nabonid im Zusammenhang mit den Geschehnissen im Palast überhaupt nicht. Das war bibelkritisch orientierten Auslegern ein Dorn im Auge. Es war nämlich schwer zu verstehen, warum in Daniel 5 von Belsazar die Rede ist, den die Geschichtsschreibung gar nicht kannte, um Nabonid dagegen der Mantel des Schweigens gehüllt wurde, obwohl man doch wußte, daß er der letzte König Babylons gewesen ist. Das Rätsel löste sich, als eine Tontafel ausgegraben wurde, die heute unter der Bezeichnung „Nabonids Chronik" bekannt ist. Die Aufzeichnungen belegen eindeutig, daß Nabonid in der fraglichen Nacht nicht in der Stadt war, und verraten auch, wo er sich wirklich befand. Er hatte Babylon mit einem Teil des Heeres verlassen und stellte sich in der Nähe der Stadt Opis dem Perserkönig Kyros zum Kampf. Zwei Tage bevor Babylon fiel, wurde er vernichtend geschlagen. Nabonid ergriff die Flucht, aber nach Babylon konnte er nicht zurück, da bereits alle Straßen fest in persischer Hand waren. Deshalb konnte in der entscheidenden Nacht nur einer in Babylon gewesen sein:

Belsazar. Genau das steht in Daniel 5. Woher kannte der Verfasser die genauen Details der Situation an jenem Abend im Palast? Es läßt sich nur damit erklären, daß ein Augenzeuge diesen Bericht geschrieben hat. Und wer sollte das anders gewesen sein als Daniel? Wenn sich aber die historischen Teile als absolut zuverlässig erwiesen haben, gibt es keinen Grund, an der Echtheit der danielschen Prophetie zu zweifeln.

## Strukturelle Lehren

Ein gewisser Teil des Buches Daniel – Kapitel 2 bis 7 – ist in aramäischer Sprache verfaßt. Die beiden mittleren Kapitel (4 und 5) ähneln sich in der Thematik. Sie handeln jeweils von einem König. In Kapitel 4 geht es um Nebukadnezar, in Kapitel 5 um Belsazar. Obwohl die jeweils geschilderten Ereignisse mehr als vierzig Jahre auseinanderliegen, hat Daniel sie offenbar ganz bewußt direkt nebeneinander plaziert. Dadurch zeigen sich die Ähnlichkeiten, aber auch die Gegensätze besonders deutlich. Zugleich regt es dazu an, das Verhalten beider miteinander zu vergleichen und dem eigenen Leben eine andere Richtung zu geben.

Bei Nebukadnezar zeigt sich, daß er dem wahren Gott gegen Ende seines Lebens, wenn auch zögernd, immer näher gekommen ist. Bei Belsazar ist solch eine Entwicklung nicht zu beobachten, im Gegenteil. Er verhöhnte Jahwe noch unmittelbar vor seinem Tod auf schamlose Weise.

Um die Ähnlichkeiten und Gegensätze hervorzuheben, setzte Daniel diese Geschichten genau in die Mitte dieses chiastisch aufgebauten ersten Teils seines Buches ein. Im Mittelpunkt der Kapitel 2 bis 7 steht somit die Verantwortlichkeit des einzelnen. Ein König traf eine gute Entscheidung, der andere nicht. Die Betonung liegt auf der persönlichen Verantwortung. Die war in der damaligen Zeit wichtig und ist es auch heute noch.

So, wie die Monarchen Babylons Gott gegenüber selbst verantwortlich waren, so ist dies bei jedem von uns auch der Fall. Wir haben die Wahl für oder gegen Gottes Gnade und sein Reich zu treffen. Belsazar ist ein Beispiel dafür, wie man fällige Entscheidungen hinauszögert und schließlich ganz Nein zu Gott sagt. Nebukadnezars Erfahrung dagegen macht uns Mut, dem wahren, persönlichen Gott zu begegnen, ihn anzunehmen und Bürger des Gottesreiches zu werden oder zu bleiben.

Auf den ersten Blick haben der literarische Aufbau eines Buches und persönliche Schlußfolgerungen wenig miteinander zu tun. Mit seinem kunstvollen Aufbau will Daniel jedoch betonen, daß zwischen beiden tatsächlich eine enge Beziehung besteht.

## &#x1F4D6; ANWENDUNG

### Daniel 4 und 5

1. *Warum sind Stolz und Überheblichkeit nicht nur die Sünden der Reichen und Berühmten? Inwiefern mache ich mich in ähnlicher Weise schuldig wie Nebukadnezar oder Belsazar?*
2. *Was gefällt mir an dem in Kapitel 4 geschilderten Verhalten Nebukadnezars? Was möchte ich unbedingt vermeiden?*
3. *Gibt es in meinem Leben Verhaltensweisen, die an Belsazar erinnern? Was kann ich aus Daniel 5 im Blick auf meine Einstellung zu den Botschaften Gottes lernen?*
4. *Welche Eigenschaften Daniels lassen sich in Kapitel 4 und 5 erkennen? Worin ist er mir Vorbild? Wie kann ich sein vorbildhaftes Verhalten in meinem Leben umsetzen?*
5. *Welche Einsicht habe ich in bezug auf Gottes Handeln in der Geschichte gewonnen? Wie können mir die biblischen Berichte helfen, heutige Ereignisse und Trends besser zu verstehen? Welche Vorgehensmuster lassen sich in Daniel 4 und 5 für Gottes Handeln in der Geschichte erkennen?*
6. *Was bedeutet es für meinen Glauben, daß die geschilderten Ereignisse historisch zuverlässig sind? Inwieweit stützt sich mein Glaube auf historische Fakten? Wie reagiere ich, wenn sich biblische Aussagen nicht historisch oder wissenschaftlich begründen lassen?*

## ◫ VERTIEFUNG

*1. Suche anhand einer Konkordanz Texte heraus, in denen der Begriff „Zeiten" im Sinne einer prophetischen Zeitspanne verwendet wird. Suche alle Hinweise auf die prophetischen Zeitspannen der 1260 Tage und 42 Monate und schreibe die Bibelstellen in dein Merkheft. In welcher Beziehung stehen diese Zeitspannen zueinander? Sofern möglich, lies in „The Seventh-day Adventist Bible Commentary" die Erklärungen zu den genannten Zeitperioden.*

*2. Daniel 4 schließt den Bericht über Nebukadnezar ab. Lies noch einmal die ersten vier Kapitel und fertige eine zusammenhängende biographische Skizze dieses Königs an. Ziehe auf einer Seite deines Merkhefts eine Linie von oben nach unten. Trage links die Stärken und rechts die Schwächen Nebukadnezars ein. Welche Hinweise auf ein geistliches Wachstum findest du in diesen Kapiteln? Vergleiche deine Erkenntnisse mit den Angaben über Nebukadnezar in einem Bibellexikon, einem biblischen Nachschlagewerk oder irgendeinem anderen Werk, das sich mit diesem Thema beschäftigt.*

## ◫ WEITERFÜHRENDE LITERATUR

1. Zu Belsazar siehe „The Seventh-day Adventist Bible Commentary", Bd. 4, S. 806-808.
2. Über die Geschichte Babylons siehe „The Seventh-day Adventist Bible Dictionary", Bd. 8, S. 108.109.
3. Mehr über Nebukadnezars Wahnsinn in außerbiblischen Texten siehe S. H. Horn, „New Light on Nebuchadnezzar's Madness", „Ministry", April 1978, 38-40.
4. Zum weiteren Studium von Daniel 4 lies E. G. White, „Propheten und Könige", S. 360-365; M. Maxwell, „God Cares", Bd. 1, S. 57-71.
5. Weitere Hinweise zu Daniel 5 siehe bei E. G. White, „Propheten und Könige", S. 366-376, und M. Maxwell, „God Cares", Bd. 1, S. 77-89.

# Kapitel 4

# Vom Staat verfolgt

## Daniel 3 und 6

Die in diesen Kapiteln geschilderten Erlebnisse der hebräischen Geiseln beginnen mit einer erschreckenden Nachricht und münden schließlich in eine wunderbare Gotteserfahrung. In Kapitel 3 geht es um Daniels Freunde, in Kapitel 6 um ihn selbst.

Mancher Bibelleser fragt sich, wo denn Daniel gewesen sein mag, als der Glaube seiner Freunde im Tal Dura auf eine harte Probe gestellt wurde. Die Frage läßt sich nicht beantworten, weil sich der Bibeltext dazu nicht äußert. Möglich, daß Daniel zu der Zeit im Auftrag des Königs im Land unterwegs war. Seine Abwesenheit bedeutete aber nicht, daß sein Glaube nicht geprüft worden wäre. Die drei Freunde mußten ihrer Glaubensüberzeugung wegen in den Feuerofen, Daniel wurde später aus dem gleichen Grund, wenn auch unter anderen Umständen, den Löwen vorgeworfen.

Beide Erzählungen haben eine Reihe gemeinsamer Merkmale. Jedesmal ist der gerade regierende König in die Sache verwickelt. Im Falle der Freunde war es Nebukadnezar, bei Daniel dagegen Darius, der Meder. Beide Berichte handeln vom Glauben und dem Mut der Hebräer, deren Gottvertrauen trotz der aussichtslosen Lage nicht erschüttert wurde. In beiden Fällen waren Kräfte am Werk, die diese Männer ganz bewußt ausschalten wollten. Doch das gelang nicht, im Gegenteil! Beide Erzählungen schließen mit einer wunderbaren Errettung. Und das, was eigentlich zum Untergang der

Hebräer führen sollte, diente nur dazu, daß die Könige und Großen des Reichs von der Glaubenstreue der Verfolgten und dem Eingreifen des wahren Gottes beeindruckt waren.

Kapitel 3 und 6 behandeln nicht nur ähnliche Themen, sondern ergänzen einander auch im Blick auf den literarischen Aufbau des Buches Daniel.

Wie bereits erwähnt, ist der geschichtliche Teil des Buches Daniel so strukturiert, daß die Kapitel mit ähnlicher Thematik jeweils ein Paar bilden und auch entsprechend angeordnet sind. Im Falle der Kapitel 3 und 6 sind die gemeinsamen Themen: Verfolgung, Glaubenstreue, Sieg.

Bekanntlich unterscheidet sich der geschichtliche Teil des Buches Daniel (Kapitel 2-7) schon dadurch vom prophetischen, daß er aramäisch verfaßt wurde. Darüber hinaus sind die Kapitel jeweils paarweise in Form eines Chiasmus an ganz bestimmter Stelle angeordnet. Dieser Struktur folgend, wenden wir uns nun den Kapiteln 3 und 6 zu.

## 📖 EINSTIEG

## Daniel 3

Lies Daniel 3 zweimal durch. Beantworte dann die folgenden Fragen, erledige die nachstehenden Aufgaben und trage deine Schlußfolgerungen ins Merkheft ein:

*1. Beschreibe das Geschehen in der Ebene Dura. Wer mußte an der Feierlichkeit teilnehmen? Welche Gründe mögen den König zu dieser Machtdemonstration veranlaßt haben? Der Schluß von Kapitel 2 hilft zu verstehen, warum Daniels Freunde dort waren.*

*2. Was wollte Nebukadnezar deiner Meinung nach mit dem Aufstellen des Standbilds erreichen? Welche Rückschlüsse lassen sich aus dem Metall ziehen, aus dem Nebukadnezar das Standbild gießen ließ? Warum bestand Nebukadnezar darauf, daß jedermann vor dem Bild niederfiel? In welche Schwierigkeiten brachte dieser Befehl die Freunde Daniels?*

3. *Trage zusammen, wodurch Druck auf die Hebräer ausgeübt wurde. Warum weigerten sich die Männer, dem Befehl des Königs zu folgen? In welcher Beziehung steht das erste Gebot des Dekalogs zum zweiten? Welche Parallele besteht zu dem, was Nebukadnezar von seinen Beamten forderte?*

4. *Frage dich, woher die Hebräer den Mut nahmen, sich dem Befehl des Königs zu widersetzen. Trage zusammen, welche Gründe die drei Freunde für ihren Widerstand anführten. Analysiere ihre Argumente.*

5. *Was können wir im Zusammenhang dieser Geschichte von Nebukadnezar lernen? Welche Bedeutung hat deiner Meinung nach der Schlußteil dieses Kapitels?*

## 📖 ERKLÄRUNG

### Die Feuerprobe

Nebukadnezar ließ in der Ebene Dura ein großes Standbild errichten (3,1), wobei sich die Bibelausleger nicht einig sind, wo genau das Spektakel stattfand.

Manche meinten, Dura sei der Name einer Stadt irgendwo in Babylonien. Allerdings gibt es bis heute keinen Hinweis darauf, daß solch eine Stadt jemals existiert hätte. Andere Gelehrte vermuteten, Dura sei der Name eines Bewässerungskanals, der sich durch eine Ebene zog. Aber auch dafür gibt es keine Beweise.

Neuere Erklärungsversuche gehen von der Erkenntnis aus, daß das Wort „Dura" möglicherweise nur auf eine Mauer hinweisen sollte. Eins der babylonischen Worte für „Mauer" lautet „Dur". Der Buchstabe a am Ende wäre dann als der aramäische Artikel „die" zu verstehen. Übersetzt man dieses Wort direkt, statt es als Bezeichnung eines unbekannten Orts zu verstehen, würde das bedeuten, daß Nebukadnezar die Statue in der „Ebene der Mauer" errichten ließ.

Bleibt jedoch die Frage: „Welche Ebene und welche Mauer könnten gemeint sein?" Babylon war damals von zwei großen Mauern umgeben (vgl. Karte von Babylon, Seite 69). Die innere Mauer war auf jeder Seite etwas mehr als anderthalb Kilometer lang und umschloß die Innenstadt mit ihren Straßen und Gebäuden sowie den Königspalast und den Haupttempel.

Dieser inneren Mauer hatte Nebukadnezar aus verteidigungstechnischen Gründen noch eine äußere hinzufügen lassen. Sie war mehrere Kilometer lang und erstreckte sich um die Innenstadt herum bis hin zum Ostufer des Euphrats. Zur Zeit Nebukadnezars war das Gebiet zwischen der inneren und äußeren Mauer nur spärlich bebaut. Der freie Raum diente als Paradeplatz und bot biwakierenden Truppenteilen die Möglichkeit, ihre Zelte aufzuschlagen. Dieses Gelände zwischen den Mauern könnte durchaus als „Ebene der Mauer" oder „Ebene Dura" bezeichnet worden sein. Es spricht einiges dafür, daß dies der Ort war, an dem sich die in Daniel 3 geschilderten Ereignisse abspielten.

Diese Örtlichkeit bot den zahlreichen babylonischen Beamten und Würdenträgern die Möglichkeit, dem großen Ereignis beizuwohnen (Vers 3). Außerdem hätte das Standbild in der Nähe des Königspalasts gestanden. Wenn ein König solch eine Machtdemonstration plant, liegt es nahe, daß er sie nicht irgendwo in der Provinz stattfinden läßt, sondern am Regierungssitz und in der Nähe von Tempel und Palast.

Hinzu kommen die riesigen Ausmaße des Standbilds. Die sind übrigens aus mehrfacher Sicht interessant. Daniel teilt mit, das Bild sei sechzig Ellen hoch und 6 Ellen breit gewesen (Vers 1). Wie bereits erwähnt, verwendeten die Babylonier ein mathematisches System, das auf der Zahl 6 beruhte (Sexagesimalsystem). Die danielschen Maßangaben sind also typisch babylonisch. Nun haben Ausleger eingewandt, ein Standbild von 60 Ellen Höhe (ca. 27 m) und 6 Ellen Breite (ca. 2,70 m) – also im Verhältnis 10 zu 1 – müsse höchst unproportioniert, d. h. zu hoch und zu dünn für diese Höhe gewesen sein. Das stimmt natürlich, nur – die Menschen der damaligen Zeit pflegten ihre Götter genau auf diese Weise darzustellen.

Ein schlagender Beweis dafür sind die aus Syrien und Palästina stammenden Figuren des Gottes Baal. Die Arme, Beine und Leiber dieser Statuetten sind lang und spindeldürr, etwa so, als wenn man heute von jemandem sagt, er habe die Figur eines Besenstiels. Eine Statue in den angegebenen Maßen liegt also genau im Rahmen der damaligen Gepflogenheiten.

Ein Standbild von 27 Metern Höhe mag freilich für die damalige Zeit ziemlich ungewöhnlich gewesen sein. Kritiker halten die Angaben für eine legendenhafte Ausschmückung, zumindest für eine orientalische Übertreibung. Sie meinen, Nebukadnezar habe solch eine Skulptur gar nicht in Auftrag geben können, da niemand in der Lage gewesen sei, sie zu bauen. Dieses Argument zieht allerdings nicht, da es in der Antike tatsächlich ähnlich große Standbilder gegeben hat. Das berühmteste ist wahrscheinlich der Koloß auf der Insel Rhodos, der das Monument in Babylon an Höhe noch um 10 Ellen übertraf. Die Memnonkolosse von Theben im südlichen Ägypten waren zwei 20 Meter hohe Darstellungen des Pharao A-menhotep III. Eine davon existiert heute noch. Gewiß, Nebukadnezars Standbild übertraf die meisten um ein paar Meter, aber es fällt keineswegs so aus dem Rahmen, daß Begriffe wie „Legende" oder „Übertreibung" gerechtfertigt wären.

Im Zusammenhang mit der Höhe des Standbildes ist noch ein anderer Faktor von Bedeutung, nämlich die Höhe eines anderen Bauwerks, das sich wohl ebenfalls auf diesem Gelände befunden haben könnte. Wenn Nebukadnezar sein Standbild auf der Ebene mit Blick nach Westen zwischen den zwei Mauern errichtet haben sollte, würde es auf das alte Zentrum von Babylon geschaut haben. Dort befand sich der Tempelbezirk Marduks, zu dem der große Tempelturm oder der Zikkurat Babylons gehörte. Mit seiner Höhe von etwa 300 Fuß (90 Meter) beherrschte der Turm die gesamte Landschaft. Die Grundfläche maß 90 Meter im Quadrat, und das Bauwerk ragte als gedrungene Pyramide aus sieben Terrassen in die Höhe. Jede Terrasse war mit glasierten Ziegeln unterschiedlicher Färbung umkleidet. Auf der obersten Ebene befand sich, zusätzlich zu dem Haupttempel am Fuß, der Zikkurat, ein Tempel des Gottes

Marduk. In der Nähe eines solch monumentalen Bauwerks durfte Nebukadnezars Standbild mit rund 27 Metern Höhe nichts wirklich Außergewöhnliches gewesen sein.

## Wen stellte Nebukadnezars Standbild dar?

Entweder stellte das Standbild eine Gottheit dar oder einen Menschen. Wenn es um einen Gott ging, dann war es höchstwahrscheinlich Marduk, der Stadt- und Nationalgott Babylons, den auch Nebukadnezar verehrte. Sollte es einen Menschen versinnbildlicht haben, dann zweifellos Nebukadnezar. Der biblische Text sagt nicht definitiv, wen das Bildnis darstellen sollte. Dennoch ist es wahrscheinlich, daß das Standbild eine Götterstatue war. Daniel erwähnt mehrfach, daß die versammelte Menge vor dem Bild niederfallen und es „anbeten" sollte (Verse 7.12.14.15). Babylonische Bürger waren zwar ganz allgemein gehalten, sich vor dem König zu verbeugen und ihm zu huldigen, aber es wurde nicht verlangt, ihn anzubeten. In Ägypten galten die Könige als Götter und wurden wie sie religiös verehrt. In Mesopotamien gab es diesen Königskult nicht. Die babylonischen Könige waren zwar auserwählte Diener der Götter, aber selbst nicht göttlich.

Von einzelnen mesopotamischen Königen wissen wir zwar, daß sie Göttlichkeit für sich beanspruchten, doch Nebukadnezar gehörte nicht zu ihnen. Die babylonische Theologie lehrte nämlich, daß es Sünde sei, wenn sich ein König als Gott bezeichne. Wer es trotzdem tue, müsse mit der Strafe der Götter rechnen. Deshalb liegt es nahe, daß es sich bei dem Standbild um eine überdimensionale Statue Marduks gehandelt hat.

Warum ließ Nebukadnezar dieses Standbild errichten? Auch darüber schweigt der biblische Text. Dennoch läßt sich ein Zusammenhang zwischen den Kapiteln 2 und 3 erkennen. Im Kapitel 2 träumte der König von einem großen Standbild, das Babylon und die folgenden Weltreiche darstellen sollte. Für Nebukadnezar war dieser Traum nicht erfreulich, bedeutete er doch, daß sein Reich nicht von Bestand sein würde (Vers 39). In Daniel 2,32.36-39 wird

97

Babylon durch das goldene Haupt dargestellt. Vermutlich ließ der König ein goldenes Standbild anfertigen, das dem seines Traums ähnlich war. Wahrscheinlich bestand es aus einem Holzkern, der mit Blattgold überzogen war. Möglicherweise wollte er dieses goldene Götterbild dem Traum entgegensetzen, in dem vorausgesagt worden war, daß Babylon eines Tages von der Bühne der Weltgeschichte abtreten würde. Babylon sollte nicht untergehen, sondern für immer bestehen bleiben. Das Standbild ganz aus Gold zeigte Nebukadnezars Wunschdenken nur zu deutlich.

Aber das war wohl nicht der einzige Grund für diese Machtdemonstration, wie sich aus der babylonischen Chronik schließen läßt. Bis zur Entdeckung dieser Tontafeln waren die Historiker der Meinung, Nebukadnezar habe in seinen 43 Regierungsjahren relativ unangefochten geherrscht. Die Chronik hat sie eines besseren belehrt. Tatsächlich war Nebukadnezars Thron mehrfach in Gefahr. Einmal hatte sich der König sogar einer Palastrevolte zu erwehren, in der Mann gegen Mann gekämpft wurde, so daß er sich mit dem Schwert in der Hand selbst seiner Haut wehren mußte. Der diesbezügliche Eintrag in der Chronik lautet:

> Im zehnten Jahr [595/594 v. Chr.] der König von Akkad [Babylon] war in seinem eigenen Land; vom Monat Kislev [Dezember] bis zum Monat Tebet [Januar] gab es einen Aufstand in Akkad ... Mit den Waffen schlug er [der König] viele seiner eigenen Soldaten. Seine eigene Hand nahm seine Feinde gefangen. (Zitiert bei Wiseman, „Chronicles of Chaldean Kings", S. 73)

Daniel teilt nicht mit, wann sich die in Kapitel 3 beschriebenen Ereignisse zugetragen haben, aber es ist schon verlockend, sie mit dem in der babylonischen Chronik erwähnten Aufstand in Verbindung zu bringen. Dann ließe sich nämlich das Huldigungsritual im Tal Dura als ein erneutes Treuegelöbnis dem König gegenüber deuten. Trifft diese Vermutung zu, dann liefert uns die babylonische Chronik auch ein mögliches Datum für die Ereignisse von Kapitel 3. Der Aufstand hat gemäß den Aufzeichnungen im Jahre

594 v. Chr. stattgefunden. Eine erneute Ergebenheitsbekundung gegen Ende dieses oder zu Beginn des nächsten Jahres würde also gut ins Bild passen.

Diese Annahme verträgt sich auch gut mit dem Teilnehmerkreis bei der Huldigungszeremonie. Der Befehl, sich bei dem Standbild einzufinden, erging nämlich nicht an alle Einwohner Babylons, sondern galt einer ganz bestimmten Gruppe, nämlich den „Fürsten, Würdenträgern, Statthaltern, Richtern, Schatzmeistern, Räten, Amtleuten und allen Mächtigen im Lande" (Verse 2.3). Diese babylonischen Regierungsbeamten wurden vom König „einberufen" (Vers 2, JB), um an der Weiheveranstaltung teilzunehmen. Sieht man diese Zeremonie im Zusammenhang mit der gescheiterten Rebellion gegen den König, wird klar, warum Nebukadnezar ausgerechnet diesen Personenkreis ins Tal Dura zitierte. Würdenträger und Regierungsbeamte, die im Palast arbeiteten, gehörten zu denen, die am ehesten Komplotte gegen den König schmieden konnten. Sie waren diejenigen, die ihm am gefährlichsten werden konnten, auf deren Unterstützung er aber zugleich dringend angewiesen war. Deshalb mußte sich Nebukadnezar so gut wie möglich vor Intrigen, Untreue und Verrat schützen.

Das mag der Grund gewesen sein, warum sich alle Beamten und Würdenträger vor dem Standbild einzufinden hatten. Besonderes Gewicht bekam diese Zeremonie dadurch, daß sie in religiöser Form ablief. Wer vor dem Hauptgott Babylons niederfiel und ihn anbetete, gelobte zugleich feierlich, seine Pflicht als Untertan und Staatsdiener zu erfüllen, indem er Marduks irdischem Repräsentanten, dem König, treu diente. Die Ereignisse aus Kapitel 3 entpuppen sich somit als religiös verbrämte, im Kern aber politisch motivierte Vorsichtsmaßnahmen Nebukadnezars.

Dieser Loyalitätsakt richtete sich also nicht speziell gegen die Freunde Daniels, obwohl sie ihres Glaubens wegen davon besonders betroffen waren. Als Zivilbeamte in hoher Position (Da 2,49) sahen sie sich plötzlich in der Zwickmühle: Sie konnten dem Spektakel nicht einfach fernbleiben, aber als Hebräer konnten sie die Zeremonien aus Gewissensgründen auch nicht bedenkenlos mitmachen.

Auch wir müssen mitunter erleben, daß uns Umstände, die wir nicht beeinflussen können, wie in einem Strom mitzureißen drohen. Dann gilt es, eindeutig Position zu beziehen, standhaft zu bleiben und in Verantwortung vor Gott das Richtige zu tun. Oft ist es in solchen Situationen verlockend, sich so zu verhalten wie alle anderen, aber es ist meist falsch, sich einfach im Strom der Mehrheit treiben zu lassen. Daniel 3 zeigt, daß der Glaube an den wahren Gott durch alle Prüfungen und Anfechtungen hindurchhelfen kann, wir müssen Gott nur vertrauen wie die drei jungen Hebräer in Babylon.

## Die Antwort

Herolde riefen die versammelten Beamten auf, beim Einsetzen der Musik niederzufallen und das Bild anzubeten. Alle hielten sich an diesen Befehl – nur Daniels Freunde nicht (Verse 4-7).

Der biblische Text sagt nicht, wie groß die „Festversammlung" gewesen ist. Die Aufzählung der verschiedenen Berufsgruppen (Verse 2.3) läßt vermuten, daß es sich um eine nach Tausenden zählende Menschenmenge gehandelt haben muß. Man stelle sich vor: Tausend oder gar zweitausend Menschen werfen sich vor dem Götterbild nieder, aber drei Männer bleiben stehen. Welch enormer Druck muß auf den Hebräern gelastet haben. Wie verlassen müssen sie sich vorgekommen sein. Manche der Beamten haben wahrscheinlich mit Schadrach, Meschach und Abed-Nego zusammengearbeitet. Möglicherweise waren sie sogar mit ihnen befreundet. Vielleicht haben einige von ihnen sogar versucht, sie herunterzuziehen oder ihnen zumindest zugeraunt: „Werft euch nieder, falls euch euer Leben lieb ist! Seht die Sache doch nicht so verbissen, niemand weiß, was ihr wirklich denkt! Aber fallt endlich nieder!"

Doch die Hebräer wichen nicht zurück und beugten sich nicht. Sie ließen sich weder durch Drohungen noch durch flehentliche Bitten in ihrer Gewissensentscheidung wankend machen.

Es gibt Augenblicke, in denen Kinder Gottes, so wie damals Daniels Freunde, einen Standpunkt einnehmen müssen, den andere nicht nachvollziehen können. Die ersten Christen weigerten sich beispielsweise, zu Ehren des römischen Kaisers Weihrauch auf dem Altar zu opfern. Viele von ihnen mußten das mit dem Leben bezahlen. Weihrauch vor dem Bild des Kaisers anzuzünden war für sie ein Akt der Anbetung, genauso wie für Daniels Freunde das Niederfallen vor dem Götterbild in der Ebene Dura. Kinder Gottes konnten sich keiner dieser Zeremonien unterziehen – auch nicht zum Schein.

Zweifellos verstärkte sich noch der Druck, der von der willfährigen Menge ausging, als die drei Männer dem König vorgeführt wurden (Vers 13). Nebukadnezar war der mächtigste Herrscher der Welt, und sie waren ihm auf Gedeih und Verderb ausgeliefert. Was er befahl würde geschehen. Und doch waren ihm in gewissem Sinne die Hände gebunden. Er konnte versuchen, sie zum Gehorsam zu überreden oder zu zwingen, er konnte ihnen drohen und sie bestrafen, aber er konnte sie nicht dazu bringen, gegen ihre Überzeugung zu handeln – nicht einmal im Angesicht eines glühenden Ofens oder sogar mehrerer, die in der Nähe standen.

Die Öfen waren natürlich nicht extra für die Hebräer errichtet worden, sondern standen bereits und sollten der versammelten Menge signalisieren, wie töricht es sei, sich dem Befehl des Königs zu widersetzen, aus welchen Gründen auch immer. Wahrscheinlich waren es Brennöfen, in denen normalerweise Lehmziegel gehärtet wurden.

Für die Außenumkleidung von Gebäuden und für die Verteidigungsanlagen waren sonnengetrocknete Ziegel nicht hart genug, deshalb verwendete man für diese Bauten gebrannte Lehmziegel. Solche Öfen passen gut ins Gesamtbild, wenn man annimmt, daß sich die geschilderten Ereignisse tatsächlich auf dem weiten Areal zwischen den Mauern abspielten. Dort wurde zu jener Zeit ständig an öffentlichen Gebäuden, Palästen und den Stadtmauern gebaut, und dazu waren gebrannte Ziegel nötig.

Die Brennöfen glichen in ihrer Form Bienenstöcken. An der Spitze des Kegels befand sich eine Öffnung, durch die man das Brennmaterial hineinwarf. An der Seite gab es einen tunnelähnlichen Zugang, durch den die Ziegelpaletten hineingeschoben wurden. Die Delinquenten wurden wahrscheinlich durch die obere Öffnung in die Glut geworfen.

Zum Zeitpunkt der Anbetung des Götterbildes müssen die Öfen in Betrieb gewesen sein. Die Freunde Daniels konnten also am aufsteigenden Rauch erkennen, was sie erwartete, wenn sie sich dem Befehl des Königs widersetzten. Doch selbst das schreckliche Schicksal des Verbranntwerdens konnte keinen der drei dazu bewegen, Gott untreu zu werden (Verse 16-18). Sie ließen sich auch nicht auseinanderdividieren. Es war nicht so, daß zwei stehen blieben und sich einer niederwarf oder daß zwei nachgegeben hätten und nur einer stehen blieb. Hätte sich einer von ihnen zur Anbetung niedergeworfen, wäre es für die anderen um so schwerer geworden, stehen zu bleiben.

Offensichtlich hatten der gemeinsame Glaube und das gleiche Schicksal die drei Männer zu einer verschworenen Gemeinschaft zusammengeschweißt. Das wird auch daran deutlich, daß einer von ihnen jeweils auch für die beiden anderen zum König sprechen konnte.

Solcher Glaubens- und Leidensgemeinschaft bedarf auch die Gemeinde Jesu, wenn sie in die endzeitlichen Krisen gerät. Wenn Christen die Gemeinschaft miteinander aufgeben und sich voneinander trennen, weil sie für ihr Verhalten in schwierigen Situationen keine gemeinsame Linie mehr finden, machen sie es sich selbst und anderen nur noch schwerer.

Als Nebukadnezar hinterbracht wurde, daß es die Hebräer gewagt hatten, ihm zu trotzen, wurde er „voll Grimm und Zorn" (Vers 13). Seine Wut steigerte sich ins Unermeßliche, als die drei Männer sogar sein großzügiges Angebot ablehnten, die Anbetung nachzuholen. Im Text heißt es, da „wurde er voll Grimm, und der Ausdruck seines Angesichts veränderte sich gegenüber Schadrach, Meschach und Abed-Nego" (Vers 19).

Wenn mächtige Persönlichkeiten zornig werden, wird es gefährlich, vor allem, wenn schon die Mittel bereit stehen, um ihre Wut andere spüren zu lassen. Das ist heute nicht anders als damals.

Warum war der König so erzürnt? Eigentlich gehörte es nicht zur Politik der Assyrer und Babylonier, unterworfene Völker zu zwingen, die Götter der Eroberer zu verehren. Warum mag sich Nebukadnezar ausgerechnet in diesem Falle so unnachgiebig verhalten haben? Hätte er nicht mit Toleranz mehr erreichen können? Wenn die in Kapitel 3 geschilderten Ereignisse tatsächlich im Zusammenhang mit einer Palastrevolte zu sehen sind, ist zu verstehen, warum der König so scharf auf Widerstand in der Beamtenschaft reagierte. Er wollte nicht, daß in aller Öffentlichkeit die Saat zu neuen Rebellionen gegen seine Herrschaft gelegt wurde. Unter solchen Umständen ist es schon erstaunlich, daß er den Hebräern eine zweite Chance einräumte, seinem Befehl nachzukommen. Die aber waren fest entschlossen, ihrem Gott um jeden Preis treu zu bleiben und sagten:

> Es ist nicht nötig, daß wir dir darauf antworten. Wenn unser Gott, den wir verehren, will, so kann er uns erretten; aus dem glühenden Ofen und aus deiner Hand, o König, kann er erretten. Und wenn er's nicht tun will, so sollst du dennoch wissen, daß wir deinen Gott nicht ehren und das goldene Bild, das du hast aufrichten lassen, nicht anbeten wollen. (Verse 16-18)

Diese Antwort ließ an Deutlichkeit nichts zu wünschen übrig, sowohl in der Sache wie auch in bezug auf den Beweggrund der drei Freunde: Sie verweigerten dem König den Gehorsam nicht aus politischen, sondern aus religiösen Gründen. Es ging ihnen um den „Gott, den wir verehren". Sie verehrten Jahwe und nicht Marduk. In diesem Augenblick wurde die Ebene Dura zum Schauplatz der Auseinandersetzung zwischen dem wahren Gott und dem falschen Gott – ausgetragen jeweils von ihren irdischen Repräsentanten.

Äußerlich betrachtet stand die Niederlage der jungen Hebräer von Anfang an fest. Was konnten sie schon ausrichten gegen die Willkür eines allmächtigen Königs und seine Todesmaschinerie? Tatsächlich waren sie aber vom ersten Augenblick an Sieger, unabhängig davon, wie der Kampf ausgehen würde. Mußten sie ihr

Gottvertrauen mit dem Leben bezahlen, würde sie das zu mutigen Märtyrern machen, die ihrer Überzeugung und ihrem Gott bis zum letzten Atemzug treu geblieben sind. Würde Gott sie aber erretten – das war die zweite Möglichkeit, die sie erwähnten –, wäre das für die versammelte Beamtenschaft ein Zeichen dafür, daß Jahwe allen babylonischen Göttern weit überlegen ist. Daß sie an diese Möglichkeit dachten, mindert nicht ihren Mut und ihr Gottvertrauen. Versteifen konnten sie sich darauf nicht. Sie mußten eher mit dem Tod rechnen, wenn sie auch die zweite Chance ausschlagen würden. Die Antwort der drei Freunde zeugt nicht nur von Glaube und Vertrauen, sondern auch von ungewöhnlichem Mut.

Ihr Beispiel läßt uns natürlich fragen: Wie würde ich mich in dieser Situation verhalten? Sind mein Glaube und Vertrauen zu Gott stark genug, um eine solche Bewährungsprobe bestehen und Mut und Entschiedenheit aufbringen zu können wie sie? Bin ich so fest in Gottes Wort verwurzelt, habe ich solche Erfahrungen mit Christus gemacht, daß ich ihm auch im Angesicht des Todes treu bleiben will?

Zur Zeit haben nur wenige von uns mit solch extremen Herausforderungen zu tun, aber es könnte durchaus sein, daß sich das irgendwann einmal ändert. Wie wir uns dann entscheiden werden, hängt auch davon ab, wie wir jetzt mit den vergleichsweise geringen Herausforderungen fertig werden. Ein Grundsatz geistlichen Lebens lautet nämlich: „Wer im Geringsten treu ist, der ist auch im Großen treu." (Lk 16,10) So gesehen kann man die normalen Sorgen und Probleme des Alltags auch als Vorbereitung auf die großen Herausforderungen in unserem Leben verstehen. Mose mußte vierzig Jahre lang unter harten Bedingungen Schafe hüten, aber gerade diese Vorbereitungszeit scheint ihn dazu befähigt zu haben, dem ägyptischen Herrscher mit Vollmacht zu begegnen. Auch wir können uns für alles, was im Leben noch auf uns zukommen kann, durch geistliches Wachstum vorbereiten. Es liegt nicht in unserer Hand, die Zukunft zu bestimmen, aber wir können uns hier und heute um eine enge Beziehung zu Christus und um geistliches Wachstum bemühen. Das ist die beste „Investition" in die Zukunft.

## Die Folgen

Der biblische Text (Vers 19) läßt erkennen, daß Nebukadnezar die Antwort als unverschämte Beleidigung empfand. Bei soviel Befehlsverweigerung genügte das angedrohte Strafmaß nicht mehr, deshalb befahl er, den Ofen „siebenmal heißer" zu machen. Das „siebenmal" ist wohl im Sinne von Schüren der Glut bis an die äußerste Grenze zu verstehen. Das scheint auch tatsächlich möglich gewesen zu sein. Babylon lag auf dem Gebiet des heutigen Irak, einer Region mit großen unterirdischen Ölvorkommen. Dort gab es aber damals wie heute auch offene Asphaltquellen, die schon zu jener Zeit genutzt wurden, um in Brennöfen besonders hohe Temperaturen zu erzielen.

Nachdem geschehen war, was der König befohlen hatte, überschlugen sich die Ereignisse. Die Hitze war so groß, daß es sogar die Männer des Hinrichtungskommandos das Leben kostete. Als sie die gefesselten Hebräer von oben in die Glut warfen, fielen sie selber tot um (Vers 21.22). Und wenn die Wärter schon umkamen, dann war das bei den Verurteilten im Ofen erst recht zu erwarten. Doch es kam anders.

Als der König sich vom Erfolg der Hinrichtung überzeugen wollte, mußte er entsetzt feststellen, daß die drei Männer mitten in den Flammen umhergingen als sei nichts geschehen. Wie sich kurze Zeit später herausstellte, hatte die Glut, die den Henkern zum Verhängnis geworden war, ihnen nichts antun können. Ihre Haare und die Kleidung war nicht einmal angesengt, nur die Fesseln waren verglüht (Vers 27).

Das war ein sehr eigenartiges Feuer! Es verbrannte die Fesseln, die um sie geschlungen waren. Es verbrannte die Wärter, die doch außerhalb des Ofens waren. Aber es verzehrte weder die Kleider noch die Haare der drei Hebräer. Sie rochen nicht einmal versengt! Sie sahen aus, als wären sie nie im Feuer gewesen. Es war, als habe sie eine nicht brennbare Schutzhülle umgeben. So ehrte Gott den Glauben und das Vertrauen seiner treuen Diener. Nebukadnezar war ratlos.

Das war Gottes überwältigende Reaktion auf ein dramatisches Geschehen. Gewiß, nicht alle Gebete werden auf so ungewöhnliche Weise beantwortet – damals nicht und heute nicht –, aber allein die Tatsache, daß Gott Schadrach, Meschach und Abed-Nego auf diese Weise erhörte, schenkt uns die Gewißheit, daß er auch unsere Gebete so erhören und beantworten wird, wie es in der jeweiligen Situation nötig ist.

Unsere Gebete sollten vom gleichen Glauben und Vertrauen geprägt sein wie das dieser jungen Leute. Sie legten Gott nicht auf ihre Sicht der Dinge fest, sondern überließen ihm die Entscheidung. Im Blick auf die Frage „Wird Gott uns aus dem Feuerofen erretten?" wünschten sie sich ein Ja, waren aber auch bereit, ein Nein zu akzeptieren und zu sterben. In dieser Beziehung können wir eine Menge von Schadrach, Meschach und Abed-Nego lernen.

Aus den Evangelien wissen wir, daß Jesu Wunder nicht nur denen helfen sollten, an denen sie geschahen. Sie dienten ihm auch als Anlässe, um geistliche Lehren zu vermitteln. Jesus wirkte zum Beispiel sieben Wunder ausgerechnet an Sabbaten. Abgesehen davon, daß den Kranken geholfen wurde, machte er dadurch für viele etwas vom Wesen und Sinn des Sabbats deutlich. So erfuhren die Leute, daß Jesus der Herr des Sabbats war und daß gerade der Sabbat dazu geeignet war, Jesu Absicht – den Menschen zu heilen und zu erlösen – in die Tat umzusetzen (Mt 12,8). Die Sabbatwunder wiesen Jesus von Nazareth auch als Schöpfer und Neuschöpfer aus (vgl. Jo 5,7-9).

In diesem Sinne hatte auch das Wunder, das Gott an den drei Hebräern vollbrachte, über die Bewahrung der Verurteilten hinaus Bedeutung. Plötzlich standen Nebukadnezar und die gesamte babylonische Beamtenschaft dem wahren Gott Auge in Auge gegenüber und erlebten eine Demonstration seiner Macht.

Der König hatte offensichtlich begriffen, wer ihm den Gang der Dinge aus der Hand genommen hatte, denn er rief, als er die drei unversehrt im Feuer sah: „Schadrach, Meschach und Abed-Nego, ihr Knechte Gottes, des Höchsten, tretet heraus und kommt her." (Vers 26). Und es spricht für ihn, daß er seine Niederlage nicht zu vertuschen suchte, sondern per Erlaß dazu aufrief, im ganzen Reich den wahren Gott anzubeten, der sich und seine Macht auf so dramatische Weise offenbart hatte. So wurde das unerhörte Geschehen im ganzen Reich publik (Verse 28.29).

Und noch etwas: Gott hatte dafür gesorgt, daß dieser Vorfall nicht dem Zufall oder irgendwelchen magischen Praktiken zugeschrieben werden konnte. Nebukadnezar entdeckte im Ofen nicht nur die unversehrten Hebräer, sondern noch eine vierte Gestalt, die er zunächst als einen „Sohn der Götter" (Vers 25) und dann als „Engel" (Vers 28) bezeichnete.

Den Begriff „Sohn der Götter" dürfen wir nicht ohne weiteres so deuten, als habe Nebukadnezar damit Christus, den Sohn Gottes, gemeint. Der damals noch unbekehrte König war viel zu sehr im heidnischen Denken befangen, als daß man ihm solche Erkenntnis zutrauen dürfte. Das beweist sein Befehl an alle Beamten zu Beginn der Erzählung, sich vor seinem Marduk-Standbild zu beugen.

Auch seine Reaktion auf die Antwort der drei Männer, die ihre Weigerung mit der Verehrung eines anderen Gottes begründeten, weist darauf hin. Dieses außergewöhnliche Erlebnis hinterließ bei Nebukadnezar gewiß einen tiefen Eindruck und führte ihn dazu, die Überlegenheit des Gottes der Hebräer über alle anderen Götter anzuerkennen. Das beweist sein Befehl zur Anbetung des wahren Gottes im ganzen Reich. Er selbst war aber noch lange nicht bereit, diesem Gott wirklich zu dienen. Wir gehen jedoch sicher nicht fehl in der Annahme, daß das Geschehen im Tal Dura ein Meilenstein auf dem Weg zur Bekehrung Nebukadnezars gewesen ist (vgl. Da 4,31-34). Diese erlebte er erst am Ende der sieben Jahre währenden Krankheit und Demütigung, von der in Daniel 4 berichtet wird.

Wie gesagt, der König sah in dem vierten Mann im Feuer nicht den Messias, den „Sohn Gottes", sondern wohl eher irgendein göttliches Wesen, das er „Sohn der Götter" nannte. Die Bezeichnung „Engel" läßt an andere Engel im Buch Daniel denken, z. B. Gabriel und Michael. Gabriel überbrachte Daniel im Auftrag Gottes eine Reihe von Prophezeiungen (9,21.23). Michael (oder Fürst aller Fürsten, 8,25; 10,13; 12,1) wird als Erzengel beschrieben, der Gottes

Volk in babylonischer und persischer Zeit schützte und das auch am Ende der Geschichte tun wird (10,13; 12,1). Aus dieser Beschützerrolle Michaels könnte man schließen, daß er der vierte Mann im Feuerofen gewesen ist. Aus neutestamentlicher Sicht wird deutlich, daß Michael Christus ist (vgl. Offb 12,7), auch wenn wir Nebukadnezar diese Erkenntnis nicht unterstellen dürfen. Er verstand, daß der Gott der Hebräer ein gottähnliches Wesen gesandt hatte, um sie zu befreien und zu retten. Gerade diese Einsicht entsprach dem damaligen geistlichen Entwicklungsstand des Königs.

Wenn wir an dieser Stelle die Schlußszene der Vision in Daniel 7 zum Vergleich heranziehen, ergibt sich ein interessanter Gegensatz. In dieser Schau wurde Daniel ein Blick auf das Gericht im Himmel gewährt. Er sah ein himmlisches Tribunal, dem der Uralte, Gott Vater, vorstand. Am Schluß der Szene „kam einer wie eines Menschen Sohn ... zu dem, der uralt war" (7,13), um die Herrschaft zu empfangen. Der sprachliche Ausdruck ähnelt zwar dem, den Nebukadnezar (3,25) benutzt hatte, steht aber auch im Gegensatz zu ihm. Der König sah im Ofen – also auf dieser Erde – einen, der wie „ein Sohn der Götter" aussah und vom Himmel herabgekommen war. In Daniel 7 geht es um einen „Sohn des Menschen" – also ein fleischgewordenes, menschenähnliches Wesen – der den Himmel betrat, wo er für immer das Reich und die Herrschaft empfangen wird. Michael ist der Beschützer seines Volkes hier auf Erden, und er wird in der Ewigkeit der große Herrscher seines Volkes sein.

Das trifft auf keinen anderen als Jesus Christus zu, der am Ende der Weltgeschichte wiederkommen wird als König aller Könige und Herr aller Herren, um die Weissagungen aus Daniel 7,14 und Offenbarung 19,16 zu erfüllen.

## 📖 EINSTIEG

### Daniel 6

Lies Daniel 6 zweimal durch. Führe dann folgende Aufgaben in deinem Merkheft aus:

1. *Welche Aussagen macht Daniel 6 über die Einführung des persischen Verwaltungssystems in der kürzlich eroberten Provinz Babylon? Welchen Platz nahm Daniel in dieser Verwaltung ein?*

2. *Trage die Charaktereigenschaften Daniels zusammen, von denen in Daniel 6 die Rede ist und schreibe sie in dein Merkheft. Welche religiösen Gepflogenheiten Daniels werden erwähnt? Wie versuchten seine Widersacher ihn in seinen religiösen Äußerungen einzuschränken?*

3. *Was hätte Daniel vermeiden können, wenn er seine Anbetung völlig in den privaten Bereich verlegt hätte? Warum tat er es deiner Meinung nach nicht?*

4. *Trage die Aussagen über das Wesen des Darius zusammen. Was war Darius, der Meder, für ein Mensch? Inwiefern gab es in seinem Leben so etwas wie eine Veränderung der geistlichen Erfahrung?*

5. *Welche Ähnlichkeiten und Unterschiede erkennst du zwischen der Befreiung von Schadrach, Meschach und Abed-Nego und der Befreiung Daniels in Kapitel 6? Liste sie in getrennten Spalten in deinem Merkheft auf.*

## &#x1F4D6; ERKLÄRUNG

### Das Umfeld

Die in Daniel 5 und 6 berichteten Ereignisse spielten sich innerhalb kurzer Zeit ab, nämlich unmittelbar vor dem Fall Babylons und einige Monate danach.

Daniel 5 schildert den Untergang Babylons im Blick auf die Stadt und die Vorgänge im königlichen Palast. In Kapitel 6 wird erzählt, was kurz danach geschah, als die Perser in den eroberten Territorien ihre Verwaltung einrichteten.

Daniel war während der Schlußereignisse unter Belsazar, dem letzten babylonischen König, dabei, und spielte bei der Einrichtung der neuen persischen Verwaltung eine aktive Rolle. Das weckte den Neid bestimmter Kreise in der Beamtenschaft und wurde ihm fast zum Verhängnis.

Verglichen mit anderen antiken Großmächten waren die Perser ziemlich moderate Eroberer. Wenn möglich, ließen sie die einheimischen Fürsten und Beamten in ihren Ämtern. Anstatt sie zu vertreiben oder zu beseitigen, schulten sie sie so um, daß sie dem persischen Reich von Nutzen waren. Manchmal verfuhren sie auch mit besiegten Königen so. Sie stellten sie zwar unter persische Oberherrschaft, ließen ihnen aber ihren Besitz und einen Teil der Regierungsgewalt. Ein weiterer Beweis ihrer Milde war die Tatsache, daß sie Gefangene und deportierte Volksgruppen wieder in ihr Heimatland zurückkehren ließen. Aus den Büchern Esra und Nehemia geht hervor, daß beispielsweise den Juden auf persische Anordnung hin die Heimkehr gestattet wurde.

Mit den babylonischen Königen gingen die Perser allerdings nicht so nachsichtig um. Belsazar wurde bei der Einnahme Babylons getötet. Sein Vater Nabonid geriet in Gefangenschaft und wurde in das weit entfernte Carmanien verbannt.

Nachdem die Perser in Babylonien die Macht übernommen hatten, mußte für das eroberte Gebiet ein Regent eingesetzt werden. Kyros, der Herrscher des Perserreichs, machte Darius, den Meder, zum Vizekönig von Babylon.

An dieser Stelle stoßen wir auf ein historisches Problem: Wer war der in Daniel 6 erwähnte Darius, der Meder? In den uns bekannten geschichtlichen Quellen aus jener Zeit wird sein Name nicht erwähnt.

Bezüglich der Identität des biblischen Darius gibt es unterschiedliche Vermutungen. Kommentatoren, die in Daniel 6 einen historischen Bericht sehen, meinen, „Darius" sei der Thronname eines Königs, der unter einem anderen Personennamen bekannt war, bevor er zum Herrscher über Babylon bestimmt wurde. Das ist ein akzeptabler Lösungsversuch, denn die Praxis, bei der Thronbesteigung einen Thronnamen anzunehmen, war damals eine gängige Praxis im Nahen Osten. In Ägypten übernahmen die Könige bei der Thronbesteigung sogar einen ganzen Satz von fünf unterschiedlichen Namen. Von zwei assyrischen Königen wissen wir, daß sie nach der Eroberung Babylons neue Namen annahmen. Tiglat-

Pileser III. nannte sich Pulu (vgl. 2 Kön 15,19.29) und Salmanasser
V. war unter dem Namen Ululai bekannt (8. Jahrhundert v. Chr.).
In Judäa wurde der aussätzige König Usia auch Asarja genannt
(2 Kön 15,1; 2 Chr 26,1). Asarja war wahrscheinlich sein ursprüngli-
cher Name, zu dem dann Usia als Thronname hinzukam. Kenner
der persischen Geschichte sind der Meinung, daß berühmte Könige
wie Kyros, Darius, Xerxes vor ihrer Thronbesteigung andere Personennamen gehabt haben. Die Angaben in Daniel 6 könnten also
sehr wohl eine allseits bekannte Gepflogenheit widerspiegeln.

Bleibt die Frage: Wer verbirgt sich hinter Darius, dem Meder?
Darauf geht die Literatur ausgiebig ein, die am Ende dieses Kapitels
angegeben ist. Im Augenblick soll nur festgestellt werden, wer er
nicht war. Er darf nicht mit Darius I. Hystaspes verwechselt werden,
der auch als „Darius der Große" bekannt ist. Der beherrschte Persien von 522 bis 486 v. Chr. und war persischer und nicht medi-
scher Abstammung. Er regierte später als Darius, der Meder.

## Das Komplott

Aus biblischer Sicht ist wichtiger, was Darius tat, als wer er war.
Zunächst muß erwähnt werden, daß Daniel als langjähriger Beam-
ter in Babylon auch das Vertrauen des Eroberers besaß. Niemand
lastete ihm seine politische Vergangenheit an, sondern man scheint
diesen zuverlässigen und fähigen alten Beamten bewußt in die
Neuordnung der Provinzverwaltung einbezogen zu haben.

Diese Reorganisation vollzog sich auf zwei Ebenen. Das Staatsgebiet wurde in 120 Regionen aufgeteilt, für die jeweils ein Statthalter
verantwortlich war. Dafür mußte Darius neue Beamte bestimmen,
zum Teil aber auch auf zuverlässige babylonische Verwaltungsfach-
leute zurückgreifen. Die Oberaufsicht über die Regionalregierungen
lag in den Händen von drei Fürsten, deren einer Daniel war. Wie
der biblische Bericht betont, muß Darius sehr schnell gemerkt haben, daß Daniel alle anderen Beamten an Weisheit und Kenntnis
überragte. Deshalb trug er sich mit dem Gedanken, ihn zum Gou-
verneur über ganz Babylonien zu machen (6,1-3).

Das wiederum wollten Daniels Kollegen mit allen Mitteln verhindern. Sie taten sich also zusammen, um ein Komplott zu seinem Sturz zu schmieden. Das war allerdings leichter gesagt als getan. An seinen Fähigkeiten und seiner Amtsführung war nichts auszusetzen. Die einzige Angriffsfläche, die dieser Hebräer bot, waren seine religiösen Gepflogenheiten (Verse 4.6). Hier gedachten die Verschwörer anzusetzen. Scheinheilig schlugen sie dem König vor, „es solle ein königlicher Befehl gegeben und ein strenges Gebot erlassen werden, daß jeder, der in dreißig Tagen etwas bitten wird von irgendeinem Gott oder Menschen außer von dir, o König, allein, zu den Löwen in die Grube geworfen werden soll" (Vers 8).

Aus heutiger Sicht erscheint solches Vorgehen absurd, und man fragt sich, wie Daniels Feinde annehmen konnten, auf diesem Weg zum Ziel zu kommen. Außerdem betraf eine solche Anordnung ja nicht nur Daniels Gottesverehrung, sondern den gesamten Götterkult Babylons.

Um den Sinn eines solchen Erlasses zu verstehen, muß man die verworrenen religiösen Verhältnisse nach der Eroberung durch die Perser berücksichtigen. Nabonid, der letzte babylonische König, wollte seine Hauptstadt mit allen Mitteln vor dem Zugriff der Perser schützen. Dazu bediente er sich militärischer und religiöser Mittel. Er verließ sich nicht nur auf seine Truppen, sondern suchte sich auch des Schutzes aller verfügbaren Götter zu versichern. Deshalb hatte er aus allen größeren Städten Götterstatuen nach Babylon bringen und auf die Tempel der Stadt verteilen lassen. Nabonid wollte die Götter in seiner Nähe und auf seiner Seite wissen. Dabei ging er von dem Gedanken aus, daß die Götter verpflichtet seien, die Stadt, in der sie verehrt wurden, auch vor ihren Feinden zu schützen.

Genützt hatte das alles nichts, denn die Götter konnten das Eindringen der Perser nicht verhindern. Allerdings hatten die Sieger nun ein religiöses Problem am Hals. Weil sich fast alle Götterstatuen in der Hauptstadt befanden, war das religiöse Leben in der Provinz teilweise lahmgelegt. Wer wollte schon in einem leeren Tempel zu seinem Gott beten? Die persische Regierung erkannte schnell, daß hier Abhilfe geschaffen werden mußte, aber der Rücktransport der Statuen und die damit verbundenen religiösen Rituale brauchten Zeit. Aus der Nabonid-Chronik wissen wir, daß die Überführungsaktionen erst gegen Ende des babylonischen Kalenderjahrs, etwa vier Monate nach dem Sieg der Perser, abgeschlossen waren.

Angesichts solch verworrener Verhältnisse wird das Gebot, keine Bitte an irgendeinen Gott, sondern nur an den König selbst richten zu dürfen, verständlicher. Unter normalen Umständen wäre solch ein Gebot auch damals absurd gewesen, aber in jener Zeit herrschten weder auf politischem noch auf religiösem Gebiet normale Verhältnisse.

Im Grunde interessierte es die babylonischen Beamten herzlich wenig, ob jemand diesen oder jenen Gott anbetete, denn es ging ihnen lediglich um Daniel und seinen Gott. Sie wußten, daß Daniel feststehende Gebetszeiten hatte, denn „er hatte ... an seinem Obergemach offene Fenster nach Jerusalem, und er fiel dreimal am Tag auf die Knie, betete, lobte und dankte seinem Gott, wie er es auch vorher zu tun pflegte" (Vers 11).

Daniel betete wahrscheinlich um die Zeit, in der früher im Tempel das Morgen- und Abendopfer dargebracht worden war (vgl. Da 9,21). Da sich damals Religion meist nicht hinter verschlossenen Türen abspielte, waren Daniels öffentliche Gebete nichts besonderes, jedenfalls sollten wir hinter ihnen keine religiöse Schau vermuten. Was sich am Plan der Verschwörer zunächst als unsinnig darstellte, entpuppte sich nun als geschickter Schachzug. Sie kannten Daniel offenbar so gut, daß sie fest damit rechneten, er werde sich durch nichts von seiner Gottesverehrung abbringen lassen. Es zeigte sich ja dann auch, daß sie auf die richtige Karte gesetzt hatten und sie sich ganz auf ihn verlassen konnten.

Daß Daniels Kollegen fest mit seiner Gebetstreue rechneten – und auch rechnen konnten –, läßt ihn darin für uns zum Vorbild werden. Würden andere sich so sicher sein können, daß unser Verhalten sich nicht ändert, wenn wir uns in einer Situation wie Daniel befänden? Daniels lebendiger, tätiger Glaube wurde aus der Quelle regelmäßiger Gebets- und Andachtszeiten gespeist. Er betete nicht

113

erst, wenn ihm die Schwierigkeiten über den Kopf zu wachsen drohten. Andrerseits wollte er kein geistliches Schauspiel bieten, als er trotz des Verbots weiterhin regelmäßig betete. Seine Gebete wurden wegen der Gefahr höchstens ernster und inständiger. Daniels Treue in bezug auf Andacht und Gebet hatte schon eine lange Tradition und war Ausdruck seiner Beziehung zu Gott. Offenbar war ihm die enge Beziehung zu Gott nicht trotz, sondern gerade wegen seiner verantwortungsvollen Tätigkeit im Staat wichtig. Deshalb konnte und wollte er sie sich durch nichts zerstören lassen. Das Verbot des Königs rückte nur Daniels alte Gewohnheit in den Mittelpunkt.

### Eine lebenslange Gepflogenheit

Daniel wurde 605 v. Chr. im Alter von etwa 18 Jahren nach Babylon verschleppt. Die hier geschilderten Ereignisse trugen sich während der kurzen Regierungszeit von Darius, dem Meder, zu, also zwischen 539 und 538. Der Prophet war also zu jener Zeit etwa 85 Jahre alt. Trotz seines hohen Alters muß er körperlich und geistig noch erstaunlich leistungsfähig gewesen sein, denn sonst hätte Darius ihn nicht in solch ein hohes Regierungsamt berufen können. Und nicht nur das, er verfügte auch über einen bewundernswerten Glauben. Gewiß war das die Frucht eines vom Vertrauen auf Gott und vom Gebet geprägten Lebens, für uns ein großartiges Beispiel für Glauben und Treue.

Gott übersah Daniels Treue nicht. In zwei unterschiedlichen Situationen erschienen ihm Engel und bezeichneten ihn als „von Gott geliebt" (Da 9,23; 10,11). Er war zwar alt geworden, aber der Herr hatte ihn nicht vergessen. Das mag den Älteren unter uns Mut machen. Bekannte, Verwandte oder auch Freunde mögen uns eines Tages vergessen, Gott aber vergißt uns niemals. Daniels Erfahrung bekräftigt Gottes treue Anteilnahme an unserem Leben gerade im Alter.

Der königliche Erlaß galt zwar für 30 Tage (Vers 8), aber so lange mußten die Verschwörer nicht warten, um den Beweis erbringen zu können, daß sich Daniel nicht daran hielt.

Die Tatsache, daß persische Gesetze nicht verändert werden durften, wenn sie erst einmal in Kraft getreten waren, spielte in dem Plan der Feinde Daniels eine entscheidende Rolle (Vers 15). Offenbar hatten sie damit gerechnet, daß der König alles in Bewegung setzen würde, um Daniel zu schützen, sobald ihm klar wurde, worauf die ganze Geschichte hinauslief. Und so kam es dann ja auch. Darius versuchte alles, um seinem Ratgeber die Hinrichtung zu ersparen, aber am Abend dieses Tages zeigte sich, daß die Intrige so geschickt eingefädelt worden war, daß selbst der König das hinterhältig ausgelegte Netz nicht zerreißen konnte (Verse 15.16). Damit schien das Schicksal Daniels besiegelt.

## Das Ergebnis

Der Spaten der Archäologen macht es möglich, in etwa zu sagen, wo sich der Löwengraben damals befand. Eine der größten architektonischen Leistungen in Babylon waren die sogenannten hängenden Gärten. Sie galten als eins der sieben Weltwunder der Antike. Nebukadnezar soll sie für eine seiner Nebenfrauen, eine medische Prinzessin, gebaut haben. Als die in die trockene und heiße mesopotamische Tiefebene ziehen mußte, so heißt es, soll sie sich vor Sehnsucht nach ihrer kühlen und gebirgigen Heimat verzehrt haben. Um ihr Heimweh zu mildern, habe der König die hängenden Gärten bauen lassen.

Neuere Studien haben ergeben, daß sich in der nordöstlichen Ecke des Palastbezirks tatsächlich solche Gartenanlagen am Euphrat befunden haben. Höchstwahrscheinlich schlossen sich die Tiergehege mit dem berüchtigten Löwenzwinger direkt in nordwestlicher Richtung an die königlichen Gärten an.

Daß es diesen Löwengraben wirklich gegeben hat, wird heute kaum noch bezweifelt, denn solche Zwinger gab es damals nachweislich auch in anderen Städten, zum Beispiel im südmesopotamischen Ur. Wie Keilschrifttafeln bezeugen, hat es in Ur schon um 2000 v. Chr. – also zur Zeit Abrahams – einen Löwenzwinger gegeben. Wir wissen das, weil antike Bürokraten sogar über die Art und

115

Menge des Löwenfutters Buch geführt haben. Es steht also außer Zweifel, daß der Bericht von Daniel 6 historisch exakt ist, selbst wenn die genaue Stelle der Löwengrube bis heute nicht gefunden worden ist.

Darius war über den Verlauf der Dinge aus verschiedenen Gründen bestürzt. Zum einen wohl deshalb, weil er erkennen mußte, wie sehr ihn seine eigenen Beamten hintergangen hatten. Zum andern bekümmerte ihn das Schicksal Daniels, den er offenbar als treuen und aufrichtigen Ratgeber schätzen gelernt hatte. Jedenfalls war Darius dieser Sache wegen so aufgewühlt, daß er die ganze Nacht über keinen Schlaf fand (Vers 18). Aus Vers 16 läßt sich schließen, daß er Daniels enge Beziehung zu Gott kannte und deshalb hoffte, der werde zugunsten des Verurteilten eingreifen.

Und tatsächlich zeigte sich, daß Gott seinem Knecht Daniel genauso beistand, wie er es bei dessen Freunden im Tal Dura getan hatte. Wie dort, so war es auch hier ein Engel, der auf Gottes Geheiß eingriff. Als sich Darius am frühen Morgen davon überzeugen wollte, was aus Daniel geworden war, konnte der Prophet sagen: „Mein Gott hat seinen Engel gesandt, der den Löwen den Rachen zugehalten hat, so daß sie mir kein Leid antun konnten; denn vor ihm bin ich unschuldig, und auch gegen dich, mein König, habe ich nichts Böses getan." (Verse 21.22)

Daniel hatte sich auf Gott verlassen und war nicht enttäuscht worden. Das sollte uns Mut machen, in den mancherlei Bedrängnissen und Gefahren unseres Lebens ebenfalls Gott zu vertrauen. In der Regel werden unsere Gebetserhörungen nicht so dramatisch ausfallen wie die Daniels, aber wir dürfen gewiß sein, daß der Herr unser Gebet ebenso hört wie das Daniels, das aus der Löwengrube zu ihm aufstieg.

Wirkt Gott noch heute solche Wunder? Oder sind das nur alte Geschichten ohne Bedeutung für unser Leben? In besonderen Situationen – damals geschah das ja auch nicht alle Tage – greift Gott auch heute noch auf außergewöhnliche Weise in das Leben ein, vor allem zur geistlichen Rettung von Menschen und zur Ehre seines Namens.

Die Verschwörer erlebten freilich etwas ganz anderes als Daniel.
Sie wurden von den hungrigen Löwen zerrissen, kaum daß sie den
Boden des Zwingers erreicht hatten (Vers 24). Daniel hatte gesagt,
daß Gott ihn seiner Unschuld wegen errettet habe (Vers 22).
Die Feinde dagegen hatten sich nicht nur gegen Daniel, sondern
auch gegen dessen Gott versündigt, als sie den Propheten auf hin-
terhältige Weise vernichten wollten. Nun fiel ihr Verbrechen auf sie
selbst zurück. Sie wurden schuldig gesprochen und zum Tode verurteilt.

Hier wurde das *lex talionis* wirksam, in dem es heißt, daß Auge
um Auge, Zahn um Zahn vergolten werden soll.

An dieser Stelle soll nachdrücklich darauf hingewiesen werden,
daß nicht Daniel den Tod seiner Widersacher forderte, sondern daß
Darius sie den Löwen vorwerfen ließ:

> Da ließ der König die Männer, die Daniel verklagt hatten,
> holen und zu den Löwen in die Grube werfen samt ihren
> Kindern und Frauen. Und ehe sie den Boden erreichten, er-
> griffen die Löwen sie und zermalmten alle ihre Knochen. Da
> ließ der König Darius allen Völkern und Leuten aus so vie-
> len verschiedenen Sprachen auf der ganzen Erde schreiben:
> Viel Freude zuvor! Das ist mein Befehl, daß man in meinem
> ganzen Königreich den Gott Daniels fürchten und sich vor
> ihm scheuen soll. Denn er ist der lebendige Gott, der ewig
> bleibt, und sein Reich ist unvergänglich, und seine Herr-
> schaft hat kein Ende. (Verse 25-27)

Daniels Glaubenszeugnis führte dazu, daß Jahwe, der wahre
Gott, im ganzen Reich bekannt wurde. Als er trotz des Verbots zum
Gebet niederkniete, hat er wohl nicht geahnt, welche Auswirkungen
das haben würde. Uns kann es ähnlich ergehen. Mag sein, daß uns
das Gebet, eine freundliche Geste, ein ermutigendes Wort oder ein
liebevoller Blick als nichts Besonderes erscheinen, aber Gott kann
daraus etwas machen, was unsere kühnsten Erwartungen übersteigt.
Am Beispiel Daniels wird deutlich, was Glaube und Vertrauen be-
wirken können.

## Zusammenfassung von Daniel 3 und 6

Beide Kapitel ähneln sich darin, daß gläubige Juden von heidnischen Königen in eine schier ausweglose Situation gebracht wurden. Im ersten Fall war es Nebukadnezar, der die drei Freunde Daniels in den Feuerofen werfen ließ, weil sie sich geweigert hatten, das Götterbild anzubeten. Im zweiten Fall war es Darius, der Meder, dessen Arglosigkeit und Leichtgläubigkeit dazu führten, daß Daniel den Löwen vorgeworfen wurde. Beide Könige hatten Hebräer in verantwortungsvolle Positionen berufen. In beiden Fällen zeigte sich, daß die jüdischen Beamten sowohl dem König als auch Gott treu dienten, wobei sie ausgerechnet die Treue zu Gott in größte Schwierigkeiten brachte.

Beide Male rettete der Herr sie im letzten Augenblick auf so außergewöhnliche Weise vor dem Tod, daß alle erkennen mußten: Hier hat Jahwe, der Gott der Juden, eingegriffen! Beide Könige bezeugten durch schriftliche Erlasse im gesamten Königreich die Macht und Majestät des wahren Gottes.

Obwohl die Einzelheiten unterschiedlich sind und zwischen beiden Ereignissen wahrscheinlich fünfzig Jahre lagen, stimmt die Thematik beider Berichte überein. In beiden Fällen wurden die Heiligen Gottes schwer geprüft, durften aber zugleich Gottes gnädiges Eingreifen erfahren. Deshalb treten die Unterschiede hinter die Gemeinsamkeiten zurück.

Die literarische Struktur des Chiasmus, wie sie im Buch Daniel vorliegt, hebt ebenfalls die Ähnlichkeiten zwischen den Kapiteln 3 und 6 hervor (vgl. Seite 37.38).

Daniel hat seine Darstellungen offenbar absichtlich so angeordnet, um die wechselseitigen Beziehungen und die Einheitlichkeit seines Buchs zu unterstreichen. Bibelkritiker, die einzelne Teile voneinander trennen und sie auf unterschiedliche Quellen in unterschiedlichen Zeiten zurückführen, haben die Absicht des Verfassers nicht verstanden, der die Einheitlichkeit seines Buches auf eine kühne, unmißverständliche und ästhetische Weise zum Ausdruck bringt.

## ⌂ ANWENDUNG

### Daniel 3 und 6

*1. Wie hätte ich mich im Tal Dura verhalten? Wäre es nicht vernünftiger gewesen, wenn die drei Freunde zwar zum Schein niedergefallen wären, das Götzenbild aber nicht angebetet hätten? Wann mußte ich in kritischen Situationen Farbe bekennen? Wie habe ich mich verhalten? Welche Lehren kann ich aus solchen Erlebnissen für die Gegenwart und auch für die Zukunft ziehen?*

*2. Was lehren mich die Erfahrungen Daniels und seiner Freunde zum Thema Vertrauen in kritischen Situationen? Was lehren sie mich über Gottes Verhalten zu den Seinen?*

*3. In welcher Beziehung stehen Andacht und Gebet zu meiner Fähigkeit, Glaubensprüfungen zu bestehen? Wie würde ich meine derzeitige Andachtspraxis einschätzen? Was kann ich jetzt tun, um sie zu stärken?*

*4. Kann ich mir vorstellen, um des Glaubens willen auch mein Leben einzusetzen?*

## ⌂ VERTIEFUNG

*1. Lies die Berichte der Apostelgeschichte über die Verfolgung der ersten Christen und vergleiche sie mit Daniel 3 und 6. Trage zusammen, wie die ersten Christen auf Verfolgung und Gewalt reagierten. Worin ähneln die Berichte über die Verfolgung der ersten Christen denen im Buch Daniel? Worin unterscheiden sie sich?*

*2. Vergleiche die in Offenbarung 12 und 13 geschilderten Verfolgungen mit denen in Daniel 3 und 6. Welche Gemeinsamkeiten findest du? Was können wir aus der Erfahrung Daniels und seiner Freunde für die in der Offenbarung angekündigte Krise lernen?*

119

## 📖 WEITERFÜHRENDE LITERATUR

1. Mehr über die geschichtlichen Umstände und den Hintergrund von Daniel 3 siehe bei W. H. Shea, „Daniel 3: Extra Biblical Texts and the Convocation on the Plain of Dura", S. 29-52.

2. Zur Person Darius, des Meders, siehe W. H. Shea, „Darius the Mede: An Update", S. 229-248; W. H. Shea, „Darius the Mede in His Persian-Babylonian Setting", S. 235-257; E. D. Nichol, ed., „The SDA Bible Commentary", Bd. 4, S. 814-817; John C. Whitecomb, „Darius the Mede".

3. Über Babylon zur Zeit der persischen Eroberung siehe bei S. H. Horn, „Auf den Spuren alter Völker".

# Kapitel 5

# Untergegangene Königreiche

## Daniel 2 und 7

Daniel 2 und 7 behandeln dasselbe Generalthema – Prophezeiungen über den Aufstieg und Verfall der vier Großmächte im Mittelmeerraum. Die erste Weissagung erhielt König Nebukadnezar eines Nachts in einem Traum (2,1), die zweite wurde dem Propheten Daniel in einer nächtlichen Traumvision gegeben (7,1.2). Die Art der Offenbarung war dieselbe, aber die Empfänger unterschieden sich grundsätzlich voneinander. Darauf sind wahrscheinlich auch manche inhaltliche Unterschiede zurückzuführen.

Schon ein flüchtiger Blick zeigt, daß Nebukadnezars prophetischer Traum bedeutend einfacher strukturiert war als Daniels Traumvision. Dem König wurde ein menschenähnliches Standbild gezeigt, das vom Kopf bis zu den Beinen aus vier unterschiedlichen Metallen bestand. Seine Füße bestanden aus einer Mischung aus Metall und Ton. Dann stürzte ein großer Stein auf die Füße der Statue und zerstörte das gesamte Standbild. Der Stein selbst wuchs und wuchs, bis er die ganze Erde füllte.

Die Deutung dieses Traums bietet sich quasi von selbst an, deshalb besteht unter den Bibelauslegern durchweg Einigkeit darüber, daß durch die vier verschiedenen Metalle vier bedeutende Mittelmeermächte versinnbildlicht werden sollten. Die vierte Macht würde dann mit anderen Völkern vermischt werden. Schließlich würde das Reich Gottes an die Stelle aller irdischen Weltreiche treten und im Gegensatz zu ihnen ewig bestehen bleiben.

Der Empfänger der Botschaft ist der von Gott erwählte Prophet Daniel und damit Gottes Volk. Es geht in Daniel 7 um dieselbe Thematik, nur daß andere Symbole gewählt und zusätzliche Details hinzugefügt werden. Der augenfälligste Unterschied besteht darin, daß die vier Weltreiche durch Tiere dargestellt werden. Da sie etwas Lebendiges sind, schafft das im Gegensatz zu den statischen metallischen Körperteilen des Standbilds mehr Spielraum, um auf Einzelheiten eingehen zu können. Die Darstellung der vier Weltreiche in Daniel 2 könnte man als das Gerippe bezeichnen, dem in Daniel 7 das Fleisch hinzugefügt wird.

Die erste Prophezeiung ist ziemlich allgemein gehalten, denn sie richtete sich an einen heidnischen König. Die für den Propheten Gottes bestimmte Vision beschränkt sich nicht auf einen allgemeinen Überblick über das Kommen und Gehen von Weltreichen, sondern enthält darüber hinaus bedeutsame Einzelheiten. Nach diesem Schema wird im gesamten Danielbuch verfahren. In den Kapiteln 8 und 11 werden dem zuvor Offenbarten noch weitere Details hinzugefügt.

Diese Besonderheit des Buches Daniel macht es nötig, sich mit den Auslegungsregeln für biblische Texte (Hermeneutik) zu befassen. In bezug auf die Frage, wie man an die Prophezeiungen des Buches Daniel herangehen sollte, gibt es zwei verschiedene Denkrichtungen.

Manche Kommentatoren, besonders kritische Theologen, meinen, die geeignetste Methode bestehe darin, mit der Auslegung von Kapitel 11 zu beginnen und sich dann rückwärts zu den Kapiteln 8, 7 und 2 durchzuarbeiten. Für sie ist Daniel 11 der Ausgangspunkt, sozusagen das Richtmaß, von dem aus man an die anderen Prophezeiungen herangehen muß. Sie sind davon überzeugt, daß sich der größte Teil von Daniel 11 mit dem griechischen König Antiochus IV. Epiphanes beschäftigt, der zwischen 175 und 164 v. Chr. das Seleukidenreich von Antiochien am Orontes bis hinunter nach Syrien regiert hat. Nachdem die kritischen Bibelausleger Antiochus IV. zur Hauptperson von Daniel 11 erklärt haben, lesen sie ihn auch in die anderen Prophezeiungen des Buches Daniel hinein. Auf diese

Weise wurde er zur alles bestimmenden Figur in den Prophezeiungen des Buches Daniel.

Die Vertreter der anderen Auslegungsschule beschreiten den entgegengesetzten Weg. Sie beginnen mit Daniel 2 und gehen dann zu den großen apokalyptischen Prophezeiungen über, die in den Kapiteln 7, 8 und 11 folgen. Dieser Ansatz führt zu einer ganz anderen Deutung der Prophezeiungen Daniels. Nach diesem Auslegungsprinzip lautet die eindeutige Abfolge der vier Weltreiche: Babylon, Medien-Persien, Griechenland und Rom. Entgegen der Anschauung der kritischen Schule, für die Antiochus IV. die Hauptfigur ist, wird diesem König von bibelnahen Auslegern nur geringe Bedeutung beigemessen.

Aus dem Vorhandensein zweier Auslegungsmethoden ergibt sich für den Bibelleser die Frage: Welche Vorgehensweise ist die richtige?

Wie bereits erwähnt, ist die Prophezeiung in Daniel 7 eine Weiterentfaltung der Weissagung von Daniel 2. Diese Tatsache – und damit der vorliegende Text selbst – gibt schon den Weg und die Methode der Auslegung vor. Daniel 2 enthält eine einfach aufgebaute Weissagung, während die Prophezeiung in Daniel 7 umfassender ist und sich zusätzlich mit wichtigen geschichtlichen Einzelheiten befaßt. Deshalb erfordert es die Logik, sich zuerst mit der allgemeineren Prophezeiung (Da 2) zu befassen, um dann zu den komplexeren Weissagungen überzugehen, in denen ergänzende Hinweise übermittelt werden.

Beide Auslegungsschulen sind sich darin einig, daß es im Buch Daniel vier grundlegende Prophezeiungen gibt. Im aramäischen Teil des Buches sind es die Kapitel 2 und 7, im hebräischen die Kapitel 8 und 11. Die Weissagung in Kapitel 9 fällt insofern aus dem Rahmen, als sie sich auf die Zukunft des jüdischen Volkes und dessen Messias bezieht und nicht auf die umliegenden Völker, unter denen es oft genug zu leiden hatte.

Diese vier großen, umfassenden Prophezeiungen sind miteinander wie parallel geschaltete Stromkreise verbunden. Alle vier bewegen sich auf derselben Ebene, fügen dem Bild aber zunehmend mehr Details hinzu, so daß sich am Ende eine Gesamtschau ergibt. Dieser Parallelismus wird aus der in den Prophezeiungen benutzten Sprache ersichtlich sowie durch die symbolischen Darstellungen und deren Deutung, die das Buch Daniel selbst bietet. Kapitel 2, die erste der vier Prophezeiungen, beginnt mit einer außergewöhnlich langen Einleitung. Darin werden die Umstände geschildert, unter denen die Weissagung vermittelt wurde, und wie sie gedeutet wurde. Die Einleitung zur Weissagung in Daniel 7 ist dagegen ausgesprochen kurz. Sie besteht lediglich aus einer Zeitangabe und der Mitteilung Daniels, daß er selbst die Botschaft als nächtliche Traumvision empfangen hat. Der langen geschichtlich orientierten Einleitung in Daniel 2 folgt ein zweiter prophetischer Teil, der den Traum Nebukadnezars und die Deutung enthält. Somit findet sich bereits in Kapitel 2 der Übergang, der dem Gesamtaufbau des Buches mit seiner Zweiteilung in einen historischen und einen prophetischen Abschnitt entspricht.

## &#x1F4D6; EINSTIEG

### Daniel 2

Lies Daniel 2 zweimal sorgfältig durch und erfülle beim zweiten Durchgang folgende Aufgaben:

1. *Skizziere in deinem Merkheft die Ereignisse, die zur ersten Erwähnung Daniels in Vers 13 führen. Wodurch kam Daniel ins Spiel? Warum gelang ihm das, woran die anderen babylonischen Weisen gescheitert waren? Wie erklärte Daniel seine Fähigkeit?*

2. *Trage in dein Merkheft in eine Spalte die wichtigsten Symbole des Traums ein, von denen in den Versen 31-36 die Rede ist. Schreibe in eine Parallelspalte die Deutung (Verse 36-45) der einzelnen Symbole.*

3. *Was war gemäß der Botschaft, die Daniel an den König richtete, der Tenor dieser Prophezeiung? Wieviel mag der König von dem Traum verstanden haben? Welche Zusammenhänge kannst du zwischen Da-*

*niel 2,37-39 und Daniel 3,1-6 erkennen? Was versuchte der König in Kapitel 3 zu beweisen?*

4. *Wann empfing Nebukadnezar diesen Traum? Warum schickte Gott ihn ausgerechnet zu diesem Zeitpunkt? Erinnere dich an die Lehren in Daniel 3 und 4! Was berichten andere Kapitel im Buch Daniel über Nebukadnezars spätere Erfahrungen? In welcher Beziehung stehen sie zu dieser Episode? Welchen Fortschritt erkennst du?*

5. *Wie weit kann deiner Meinung nach ein Prophet Gottes in die Zukunft sehen? Wie weit reichte Daniels prophetischer Blick? Was lehrt Daniel 2 über Gott und sein Vorherwissen?*

6. *In welcher Phase der durch das Traumbild dargestellten geschichtlichen Entwicklung befinden wir uns heute? Was kommt danach?*

## 📖 ERKLÄRUNG

### Das Umfeld

Daniel und seine Freunde waren noch nicht lange – etwa zwei oder drei Jahre – in Babylon, da mußten sie auch schon um ihr Leben fürchten. Die Bedrohung erwuchs aus einem Vorkommnis, das sich ungefähr im zweiten Jahr der Herrschaft Nebukadnezars zutrug (Da 2,1).

Weil ihn seine Traumdeuter, Magier und Weisen enttäuscht hatten, verurteilte der König sie kurzerhand zum Tode. Die pauschale Strafaktion traf auch die jungen Hebräer, da sie zur Gilde der Weisen und Wahrsager gehörten.

Angefangen hatte es mit einem Traum. Nebukadnezar spürte, daß er von größter Bedeutung war, obwohl er ihn nicht verstanden hatte und sich auch am Morgen nicht mehr an den Inhalt erinnern konnte. Deshalb verlangte er von seinen Weisen, ihm den Inhalt und die Deutung des Traums zu sagen. Damit überforderte er die Gelehrten bei weitem. Sie waren zwar bereit, eine Deutung zu erarbeiten, verlangten aber, daß der König ihnen zuvor mitteilte, was er geträumt hatte. Unzufrieden, ließ er alle in Frage kommenden Ver-

125

treter herbeizitieren: „Die Wahrsagepriester, die Beschwörer, die Zauberer und die Sterndeuter" (Da 2,2 EB). Abgesehen davon, daß sie den Traum nicht kannten, wäre eine spontane Deutung ohnehin schwierig gewesen. Jede Gruppe brauchte dafür gewisse Hilfsmittel. Die Astrologen bedienten sich der Sterne; die Wahrsager benutzten die Leber von Schafen oder die Eingeweide von anderen Tieren; manche suchten nach bestimmten Zeichen in der Natur. Nichts davon hatte ihnen der König anzubieten und – noch schlimmer – zu dem allen ließ er ihnen keine Zeit.

So blieb ihnen nichts weiter übrig, als immer wieder zu beteuern: „Sage deinen Knechten den Traum, so wollen wir ihn deuten!" (Vers 4) Nebukadnezar hielt diese verzweifelte Forderung für eine billige Hinhaltetaktik. Möglicherweise mißtraute er den Deutungen der Weisen auch grundsätzlich und wollte ihre Fähigkeiten auf die Probe stellen. Nur wenn sie wußten, was er geträumt hatte, konnte er darauf vertrauen, daß auch ihre Deutung richtig war. Deshalb forderte er: „Darum sagt mir den Traum, so kann ich merken, daß ihr auch die Deutung trefft." (Vers 9)

Als die Weisen wieder nur mit Ausflüchten antworteten, spitzte sich die Auseinandersetzung zu. Nebukadnezar schnaubte vor Zorn. Da kam sein letztes Wort. Wutentbrannt befahl er die Hinrichtung aller Weisen in Babylon. Wenn sie aus Unfähigkeit nicht leisten konnten, was er von ihnen verlangte und wozu sie eigentlich da waren, wollte er sie ein für allemal loswerden (Verse 12.13). Von diesem Erlaß waren auch Daniel und seine Freunde betroffen, obwohl sie mit der ganzen Angelegenheit nichts zu tun gehabt hatten. Sie gehörten aber zu der Gruppe von Regierungsbeamten, die unter das Urteil fiel. Daniel begriff sofort, in welcher Gefahr er, seine Freunde und viele unschuldige Menschen schwebten. Er wandte sich an den Kommandeur der Leibgarde und bat um eine Audienz beim König. Als er vor dem König stand, bat er um Aufschub, damit er herausfinden könne, was Nebukadnezar geträumt hatte und welche Botschaft Gott ihm dadurch übermitteln wollte (Verse 14-16). Merkwürdigerweise wurde ihm eine Frist gewährt, obwohl der König den anderen Weisen solchen Spielraum nicht eingeräumt hatte (Vers 8). Vielleicht hing es damit zusammen, daß Daniel an der vorausgegangenen Auseinandersetzung nicht beteiligt gewesen war und der Zorn des Königs sich inzwischen etwas gelegt hatte. Aber mit dem zeitlichen Aufschub war das Hauptproblem noch nicht gelöst. Wenn Daniel nicht mit dem Inhalt des königlichen Traums aufwarten konnte, würde er zusammen mit seinen Freunden und allen Weisen Babylons getötet werden. Woher sollte er aber erfahren, was Nebukadnezar geträumt hatte? Daniel gründete einen Gebetskreis. Im Text heißt es: „Und Daniel ging heim und teilte es seinen Gefährten Hananja, Mischaël und Asarja mit, damit sie den Gott des Himmels um Gnade bäten wegen dieses Geheimnisses ..." (Verse 17.18) Als Daniel und seine Freunde zu Gott beteten, hing das Schicksal vieler Menschen von ihnen ab!

Und Gott antwortete! Er ließ Daniel und seine Freunde nicht im Stich. „Da wurde Daniel dies Geheimnis durch ein Gesicht in der Nacht offenbart." (Vers 19)

Die vier Männer antworteten auf Gottes Gnade mit einem Lobgebet in Form eines Psalms oder Liedes (Verse 20-23). Diese Verse sind nicht nur ein Stück Poesie, sondern in ihnen werden auch einige theologische Kerngedanken über Geschichte und Prophetie im Buch Daniel aufgegriffen:

Gelobet sei der Name Gottes von Ewigkeit zu Ewigkeit,
denn ihm gehören Weisheit und Stärke!
Er ändert Zeit und Stunde;
er setzt Könige ab und setzt Könige ein;
er gibt den Weisen ihre Weisheit
und den Verständigen ihren Verstand,
er offenbart, was tief und verborgen ist;
er weiß, was in der Finsternis liegt,
denn bei ihm ist lauter Licht.
Ich danke dir und lobe dich, Gott meiner Väter,
daß du mir Weisheit und Stärke verliehen
und jetzt offenbart hast, was wir von dir erbeten haben;
denn du hast uns des Königs Sache offenbart.

127

Dieser kurze Psalm bezeugt, daß Gott in der Welt gegenwärtig ist und aktiv in die Geschicke der Völker eingreift. Er kann Könige auf den Thron heben und auch wieder hinunterstoßen (Vers 21). Für den auf sich gestellten Betrachter mag die Menschheitsgeschichte wie ein chaotisches Wechselspiel von Kräften und Gegenkräften aussehen, doch das Buch Daniel macht deutlich, daß Gott hinter allem steht. Er schaut nicht etwa unbeteiligt zu, sondern gestaltet die Geschichte, damit das geschieht, was er für das Beste hält. Mag sein, daß wir vieles in dieser Welt nicht verstehen, dennoch können uns Daniels Worte die Gewißheit schenken, daß Gott immer wieder eingreift, damit sich letztlich erfüllt, was Gott will. Und manchmal geschieht es ja auch, daß der Allmächtige durch seine Propheten ein Stückchen von dem Schleier lüften läßt, der die Zukunft verhüllt. Das jedenfalls erlebten Daniel und seine Freunde damals in einer schier ausweglosen Situation.

Mag sein, daß Gott heute nicht durch Gesichte und Träume zu uns spricht, aber diejenigen, die einsichtig genug sind, ihn zu suchen, läßt er wissen, welchen Weg sie gehen sollen und welchen Lauf die Geschichte nimmt. Das Licht seiner Offenbarung scheint hell genug, um die dunklen Punkte der Geschichte sowie die Zukunft der Menschheit zu erhellen (Vers 22).

Der Lobgesang beginnt mit der Erkenntnis, daß Gott Weisheit und Kraft gehören, und er schließt mit der Erfahrung, daß er Daniel und seinen Freunden Weisheit und Erkenntnis geschenkt hat, indem er ihnen den Traum des Königs offenbarte (Vers 23).

Als Daniel am nächsten Tag wieder vor Nebukadnezar erschien, stellte der ihm die gleiche Frage wie den Wahrsagern: „Bist du es, der mir den Traum, den ich gesehen habe, und seine Deutung kundtun kann?" (Vers 26) Die Weisen hatten zugeben müssen, daß sie das nicht konnten, weil kein Mensch dazu in der Lage ist. Daniel bekräftigte die Aussage seiner Zunftgenossen: „Das Geheimnis, nach dem der König fragt, vermögen die Weisen, Gelehrten und Zeichendeuter und Wahrsager dem König nicht zu sagen." (Vers 27) Aber was allen Weisen Babylons samt all seinen Göttern unmöglich war, das war für den Gott Daniels ein leichtes. Darum fügte er hinzu: „Aber es ist ein Gott im Himmel, der kann Geheimnisse offenbaren. Der hat dem König Nebukadnezar kundgetan, was in künftigen Zeiten geschehen soll. Mit deinem Traum und deinen Gesichten, als du schliefst, verhielt es sich so ..." (Vers 28) Deutlicher konnte der Unterschied zwischen Jahwe und den babylonischen Götzen nicht zum Ausdruck gebracht werden, obwohl Daniel sie mit keinem Wort erwähnte. Damit war klar: Es gibt nur *einen* wahren Gott.

## Der Traum

Wenn Daniel den Traum mißverstand oder falsch vorbrachte, hätte es ihn das Leben kosten können. Aber das passierte ihm nicht, denn der Traum war ihm direkt von Gott offenbart worden, und zwar von demselben Gott, der sich zuvor in demselben Traum dem König offenbart hatte. Nun bediente sich dieser Gott des Propheten Daniel, damit der König seinen Traum auch verstehen konnte.

Daniel begann mit den Worten: „Du, König, hattest einen Traum, und siehe, ein großes und hohes und hell glänzendes Bild stand vor dir, das war schrecklich anzusehen ..." (Vers 31) Das Wort, das hier für „Bild" steht, wird im Alten Testament im Sinne von „Abbild" oder „Götzenbild" benutzt. Es steht übrigens auch an der Stelle in Daniel 3, wo von dem Standbild die Rede ist, das Nebukadnezar später in der Ebene Dura errichten ließ. Solche Götterbilder waren damals nichts Ungewöhnliches. Allerdings wurden sie immer nur aus einem Metall gefertigt: Entweder aus Gold oder aus Silber oder auch aus Bronze.

Bei der Statue, die Nebukadnezar im Traum gesehen hatte, war das anders. Sie bestand aus vier verschiedenen Metallen, nicht aus einem. Nebukadnezars Reaktion darauf findet sich in Kapitel 3. Er errichtete ein Standbild, das dem im Traum gesehenen bis auf einen Unterschied entsprach: es war ganz aus Gold. So stellte er sich die Sache vor! Doch zurück zum Traum. Die vier Metalle nahmen zwar vom Haupt ausgehend an Festigkeit zu, aber zugleich verloren sie an Wert: Gold, Silber, Kupfer, Eisen. Und was noch merkwürdi-

129

ger war: In den Füßen mengte sich Eisen mit Ton – eine höchst
fragwürdige Mischung, um das Eisen in den Füßen an seinem Platz
und einen solch schweren Koloß auf den Beinen zu halten (2,33).
In der abschließenden Szene kommt dann noch ein Stein ins
Bild (Verse 34.35). Der Stein war eigentlich ein Felsbrocken. Ungewöhnlich war, daß er nicht von Menschenhand herausgebrochen
war. Jedenfalls wies er keine Spuren menschlicher Werkzeuge oder
Bearbeitung auf. Auch gehörte er nicht zum Standbild. Er traf das
Standbild wie eine Rakete, die weit entfernt abgeschossen wurde.
Und er traf die Statue an ihrer schwächsten Stelle und zermalmte
sie. Der Stein war stärker als alle Metalle am Standbild – sogar
stärker als das Eisen, das härteste von ihnen. Nichts konnte dem
Stein standhalten.

## Die Deutung

Nebukadnezar war zufriedengestellt. Er wußte, daß Daniel die
Wahrheit gesagt hatte, denn der hatte genau das geschildert, was
der König in jener Nacht geträumt hatte. Dieser Mann war vertrau-
enswürdig. Zum einen, weil er im Gegensatz zu den babylonischen
Weisen wirklich eine Verbindung zu Gott hatte. Zum andern, weil
er sich dessen nicht rühmte, sondern freimütig zugab, daß sein Wissen aus göttlicher Quelle stammte (Vers 28.47). Deshalb glaubte der
König, daß auch die Deutung des Traums wahr sein würde.

Daniel fing bei seiner Erklärung der Statue oben an: Es wird
dich überraschen, mein König, aber das Bild, das du sahst, war
nicht das Bild eines Gottes. Es stellt etwas ganz anderes dar – und
du bist ein Teil davon. Du bist das goldene Haupt. (Verse 37.38)
Anhand des Textes wird aber deutlich, daß der Prophet nicht nur
Nebukadnezar meinte, sondern auch von dessen Reich sprach. Das
zeigt vor allem die Wortwahl seiner folgenden Sätze: „Nach dir wird
ein anderes Königreich aufkommen, geringer als deines, danach das
dritte Königreich." (Verse 39.40) Deshalb befassen wir uns hier mit
Königreichen und nicht in erster Linie mit ihren Herrschern. Bei
Babylon bietet es sich allerdings an, das Königreich und Nebukad-

nezar in einem Atemzug zu nennen. Er war es, der als Heerführer weite Teile des Reiches erobert hatte. Er war es auch, der die Hauptstadt Babylon verschönert und erweitert hatte. Und von den 66 Jahren, die Neubabylonien bestehen würde, sollte Nebukadnezar 43 Jahre lang seine Geschicke lenken. Die Feststellung: „Du bist das goldene Haupt" ist also nicht aus der Luft gegriffen (vgl. die Karte des neubabylonischen Reiches auf Seite 133). Und es ist ja auch bezeichnend, daß diese Formulierung bei den anderen Weltreichen nicht wieder auftaucht.

Auf das Babylon Nebukadnezars werde ein Reich folgen, das sich an Bedeutung und Glanz nicht mehr mit dem babylonischen Weltreich werde messen können. Aus den Büchern Daniel, Esra und Nehemia sowie aus verschiedenen außerbiblischen Geschichtsquellen geht hervor, daß es sich um das vereinigte Königreich der Meder und Perser handelt (vgl. die Karte dieses Reiches auf Seite 135).

In Daniel 5 und 6 hatten wir gesehen, wie die Perser ihre Herrschaft auf dem ehemaligen Territorium Babyloniens errichteten. Dabei war auch die Rede davon, daß Daniel indirekt und symbolisch auf den Übergang von der babylonischen Herrschaft zur persischen hinwies, als er die „silbernen, goldenen, ehernen, eisernen, hölzernen, steinernen Götter" erwähnte (5,23). Wir hatten an dieser Stelle darauf hingewiesen, daß er die Reihenfolge „silbern" und „golden" nicht zufällig gewählt hatte, denn in jener Nacht übernahm das silberne Reich der Perser die Macht im goldenen Babylon.

Bleibt die Frage: In welchem Sinne war das Perserreich geringer einzustufen als das neubabylonische Reich Nebukadnezars? Fakt ist, daß die Perser Babylon eroberten und das Territorium ihres Reichs um einiges größer war als das Babyloniens. Aber Überlegenheit läßt sich gemeinhin nicht nach Quadratkilometern berechnen.

Die babylonische Kultur war damals in der ganzen bekannten Welt berühmt, während man die der Meder und Perser für bäuerisch und vergleichsweise primitiv hielt. Beispielsweise wurde die persische Schriftsprache erst entwickelt, nachdem Persien zur Weltmacht geworden war. Dabei wurde das Altpersische zuerst als

Schriftsprache entwickelt, damit sich die Könige in einer eigenen Sprache auf ihren Monumenten verewigen konnten. Ansonsten bediente man sich vornehmlich der elamitischen Sprache – selbst bei der Niederschrift königlicher Chroniken und Berichte. Die babylonische Sprache läßt sich dagegen mühelos bis weit ins 3. Jahrtausend v. Chr. zurückverfolgen.

Die gesamte Wissenschaft, Religion und Kultur des babylonischen Weltreichs ist auf dieses reiche sprachliche Erbe zurückzuführen. Es gab also viele Bereiche, in denen die Babylonier den Persern weit überlegen waren, auch wenn Babylon territorial gesehen erheblich kleiner war als Persien

Das dritte Königreich wurde durch den bronzenen Leib des Standbilds symbolisiert (Da 2,39). Den Persern folgten die Griechen (vgl. die Karte des griechischen Weltreichs auf Seite 137). Obgleich es schon vorher wirtschaftliche und kulturelle Kontakte gab, ging die eigentliche Durchdringung des Nahen Ostens mit dem griechischen Denken und der griechischen Kultur (Hellenismus) Hand in Hand mit den Eroberungszügen Alexanders des Großen. Er besiegte nicht nur Darius III., den letzten Perserkönig, sondern marschierte mit seinen siegreichen Truppen bis ins ferne Industal. Doch dieses Riesenreich hatte keinen Bestand. Es existierte nicht einmal so lange wie Babylon oder Medo-Persien.

Als Alexander überraschend starb, stritten sich seine Generäle um das Erbe. Nach erbitterten Kämpfen zerfiel das griechische Weltreich in vier Teile, die nach und nach von der aufstrebenden neuen Weltmacht Rom geschluckt wurden.

Diese Entwicklung erstreckte sich über einen Zeitraum von etwas mehr als einem Jahrhundert. Begonnen hatte es damit, daß sich Rom Anfang des 2. Jahrhunderts v. Chr. die auf dem europäischen Festland gelegenen Teile Griechenlands einverleibte. Beendet war der Prozeß, als Gajus Julius Cäsar am Ende des 1. Jahrhunderts v. Chr. Ägypten eroberte. Damit war das griechische Weltreich von Rom geschluckt worden (vgl. Karte des Römischen Reiches auf Seite 147). Mit dem eisernen Rom hatte das letzte der in Daniel 2 prophezeiten großen Weltreiche die Bühne der Geschichte betreten.

# AUFSTIEG DES NEUBABYLONISCHEN REICHS

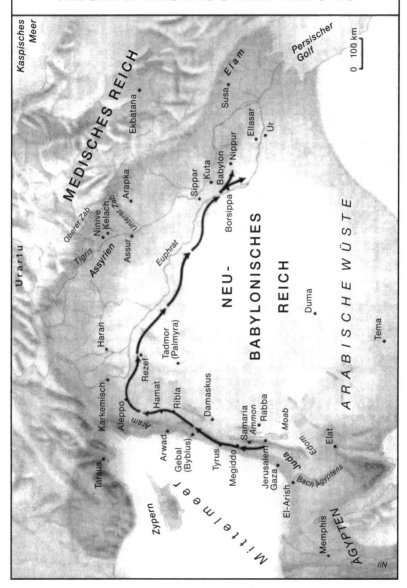

Kaspisches Meer

Persischer Golf

0   100 km

MEDISCHES REICH

Elam

Ekbatana

Susa

Ellasar

Ur

Nippur

Babylon

Arapka

Kuta

Sippar

Borsippa

Oberer Zab

Ninive

Kelach

Unterer Zab

Tigris

Assyrien

Assur

Euphrat

Urartu

Haran

Tadmor (Palmyra)

Rezef

NEU-

BABYLONISCHES

REICH

Duma

ARABISCHE WÜSTE

Tema

Karkemisch

Aleppo

Aram

Hamat

Ribla

Damaskus

Samaria

Ammon

Rabba

Moab

Tarsus

Arwad

Gebal (Byblus)

Tyrus

Megiddo

Juda

Jerusalem

Gaza

Edom

Bach Ägyptens

Elat

Zypern

Mittelmeer

El-Arisch

Memphis

ÄGYPTEN

IIN

133

Was würde als nächstes kommen? Sollte die Geschichte der großen Mittelmeer-Weltreiche mit Rom zu Ende sein? Offenbar wollte die Weissagung in Daniel 2 genau dies zum Ausdruck bringen. Denn im biblischen Text geht an dieser Stelle interessanterweise die Ära der reinen Metalle zu Ende. Doch die Geschichte geht noch weiter. In Vers 33 ist von einem neuen Material, von Ton die Rede. Das Eisen besteht noch weiter, so daß Rom-ähnlich ist, was nach Rom kommt. Aber es wird nicht mehr so stark wie Rom sein. Und es wird zerteilt sein, wie die Vermischung von Eisen und Ton erkennen läßt. Daß in den Füßen kein weiteres festes Metall benutzt wird, auch nicht mehr vom harten Eisen darin ist, sondern Ton, zeigt einen deutlichen Verlust an Macht und Stärke an.

Das Gemenge von Eisen und Ton war eine treffende Charakterisierung der Teilreiche, in die das römische Weltreich am Ende zerfiel: stark und schwach zugleich, gespalten und uneins, wie es bei einer so unnatürlichen Verbindung von Eisen und Ton nicht anders zu erwarten war:

> „... das wird ein zerteiltes Königreich sein ... zum Teil wird's ein starkes, zum Teil ein schwaches Reich sein. Und daß du gesehen hast Eisen mit Ton vermengt, bedeutet: sie werden sich zwar durch Heiraten miteinander vermischen, aber sie werden doch nicht aneinander festhalten, so wie sich Eisen mit Ton nicht mengen läßt." (Verse 41-43)

Der biblische Text legt besonderes Gewicht auf Aufteilung und Uneinigkeit, ein starker Kontrast zum vorausgehenden harten Eisen. Damals kannte man nichts härteres als Eisen. Aber ausgerechnet das stärkste Reich sollte zum schwächsten im Mittelmeerraum werden, indem sein Territorium mehr zersplittert wurde, als das bei den anderen Weltreichen der Fall gewesen war.

Hat sich diese prophetische Schau in der Geschichte tatsächlich erfüllt? Im Blick auf das Schicksal, das die anstürmenden Germanenstämme Rom bereiteten, kann die Antwort nur lauten: Ja! Unter ihrem jahrzehntelangen Druck fiel die Hauptstadt Rom im Jahre 476 n. Chr. dem Germanenkönig Odoaker in die Hände, und

# DAS PERSISCHE WELTREICH

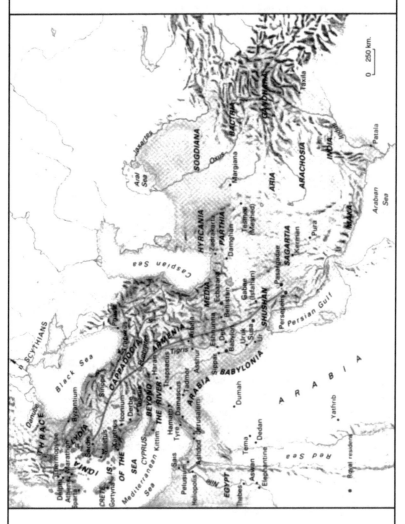

**MEDIA**   Persische Provinz unter Darius I.
═══        Kanal zwischen dem Golf von Suez und dem Nil
───        Königsstraßen

die italienische Halbinsel wurde von da an beinahe ein Jahrhundert lang (bis 555) von den Ostgoten beherrscht. Für die Historiker gilt das 6. Jahrhundert n. Chr. allgemein als die Zeit des Übergangs vom imperialen zum mittelalterlichen Rom. Zu Beginn dieses Jahrhunderts war Rom militärisch und politisch noch eine mächtige Stadt. Es war ein bevölkerungsreiches und blühendes Gemeinwesen, berühmt durch seine Architektur und Monumente. Am Ende des 6. Jahrhunderts war Rom ein entvölkerter und heruntergekommener Ort, der praktisch über nichts mehr herrschte. Der Ton hatte sich mit dem Eisen vermengt.

Dieser Stand der Dinge soll laut prophetischer Aussage bis zum Ende der Weltgeschichte anhalten (Verse 33-35). Trotz der militärischen Eroberungen in der Vergangenheit und der politischen Bündnisse in der Gegenwart haben die Völker Europas, ganz zu schweigen vom Rest des ehemaligen römischen Weltreichs, nie aneinandergehalten.

Werden der gemeinsame europäische Markt und die angestrebte politische Verschmelzung der europäischen Länder die prophetische Schau von Daniel 2 eines Tages Lügen strafen? Wohl kaum! Wahrscheinlich werden die wichtigsten europäischen Staaten im Rahmen der Europäischen Union zu notwendigen Handels- und Wirtschaftsabkommen gelangen und sich auch auf bestimmte politische und gesellschaftliche Prinzipien einigen, aber es ist schwer denkbar, daß daraus ein weltmachtähnliches Gebilde wie die „Vereinigten Staaten von Europa" erwächst. Europa mag sich – in welcher Form auch immer – zusammenschließen, um bestimmte gemeinsame Ziele durchzusetzen, aber es wird der unzähligen Eigeninteressen wegen den Eisen-Ton-Charakter nicht verlieren. Ein „gemeinsames Haus Europa" bedeutet ja noch lange nicht, daß die einzelnen europäischen Länder ihre Kultur, ihre Sprache und die Kontrolle über ihr Staatsgebiet aufgeben werden.

Es ist interessant, wie ein Augenzeuge die sich auflösende römische Gesellschaft beschreibt. Der Kirchenvater Hieronymus (um 347-420) erlebte den beginnenden Zerfall des römischen Weltreichs. Er sah, wie sich die Weissagung aus Daniel 2 vor seinen Augen

# DAS REICH ALEXANDERS DES GROSSEN

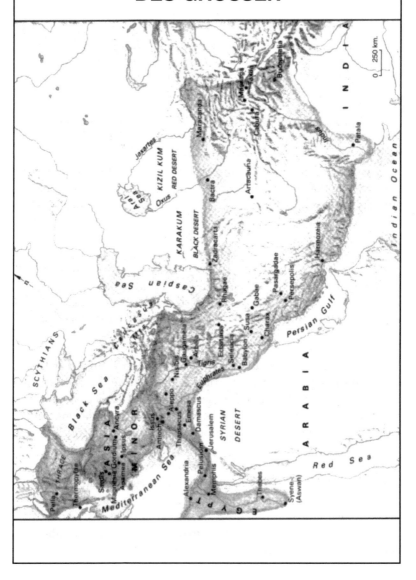

erfüllte, wenn auch das Schlimmste noch in der Zukunft lag. Im Jahre 407 gab er einen Danielkommentar heraus, in dem es heißt:

> Überdies ist das vierte Reich, das eindeutig den Römern gehört, das Eisen, das alles in Stücke zerschlägt und sich alles unterwirft. Die Füße aber und die Zehen sind zum Teil aus Eisen und zum Teil aus Ton, was sich in dieser Zeit deutlich beweist. So wie an seinem Beginn nichts stärker und unnachgiebiger war als das römische Reich, so gibt es an seinem Ende nichts Schwächeres als dieses Reich. („Commentary on Daniel", Spalte 408).

Mit der Schilderung des Niedergangs Roms und seiner Nachfolgestaaten ist die prophetische Schau noch nicht zu Ende. Zuletzt bringt der Text den Stein ins Bild, der sie Statue an den Füßen trifft, sie zerschmettert und in alle Winde zerstreut:

> Da wurden miteinander zermalmt Eisen, Ton, Kupfer, Silber und Gold und wurden wie Spreu auf der Sommertenne, und der Wind verwehte sie, daß man sie nirgends mehr finden konnte. Der Stein aber, der das Bild zerschlug, wurde zu einem großen Berg, der die ganze Welt füllte. (Vers 35)

Mit anderen Worten: Eines Tages ist die Zeit menschlicher Herrscher und Reiche vorbei. Zwar wird die Geschichte der Menschheit damit nicht zu Ende sein, aber das Reich, das danach kommt, ist völlig anderer Art. In der Vision wird es nicht durch ein Metall dargestellt, sondern durch einen Stein, der ohne menschliches Zutun herabgeschleudert wird (Vers 34).

Was damit gemeint sein könnte, müssen wir nicht erraten, denn Daniel liefert die Deutung gleich mit: „Aber zur Zeit dieser Könige wird der Gott des Himmels ein Reich aufrichten, das nimmermehr zerstört wird und sein Reich wird auf kein anderes Volk kommen. Es wird alle diese Königreiche zermalmen und zerstören: aber es selbst wird ewig bleiben." (Vers 44)

138

Das ist die zentrale Aussage der Schlußszene in Daniel 2: Es wird nicht in alle Ewigkeit einen Wechsel von Herrschern und Reichen geben. Eines Tages, „zur Zeit dieser Könige", wird Gott selbst ein Königreich errichten, das in alle Ewigkeit bestehen wird. Niemand wird es verdrängen können. Die irdische Geschichte wird einmünden in dieses Reich Gottes. Wie von vielen anderen biblischen Texten, so geht auch vom Buch Daniel die ermutigende Nachricht aus: Die Errichtung des Reiches Gottes ist der Höhepunkt der Weltgeschichte. Das ist das große Ziel, auf das sich die Geschichte unaufhörlich zubewegt.

## Das Ergebnis

Daß Daniel den Traum wiedergeben und deuten konnte, hatte unterschiedliche Auswirkungen. Da war zunächst die Wirkung auf Nebukadnezar. Ihm wurde klar, daß Daniel genau das berichtete, was er geträumt hatte. Nichts war falsch. Das traf ihn bis ins Mark, so daß er vor dem Propheten niederfiel, um ihn anzubeten: „Da fiel der König Nebukadnezar auf sein Angesicht und warf sich nieder vor Daniel und befahl, man sollte ihm Speisopfer und Räuchopfer darbringen." (Vers 46) Zugleich wird aber auch deutlich, daß er das alles nicht nur der Intelligenz und Weisheit Daniels zuschrieb, sondern sehr wohl wußte, daß hinter allem der wahre Gott stand: „Es ist kein Zweifel, euer Gott ist ein Gott über alle Götter und ein Herr über alle Könige, der Geheimnisse offenbaren kann, wie du dies Geheimnis hast offenbaren können." (Vers 47)

Dieses Bekenntnis bedeutete freilich nicht, daß Nebukadnezar angesichts dieses Erlebnisses vom Vielgottglauben (Polytheismus) zum Eingottglauben (Monotheismus) übergewechselt war. Aber er war durch Daniels Einfluß immerhin soweit, daß er an die Überlegenheit eines Gottes glaubte, ohne die Existenz anderer Götter abzulehnen (Henotheismus). Damit bahnte sich bei diesem heidnischen König eine geistliche Entwicklung an, deren Abschluß die Anerkennung des einen wahren Gottes darstellt, die in Daniel 4 beschrieben wird.

Für Daniel und seine Freunde war in diesem Augenblick die akute Gefahr gebannt. Aber nicht nur das, denn das Geschehen katapultierte sie geradezu an die Spitze der babylonischen Bürokratie. Nebukadnezar überhäufte Daniel mit Geschenken und ernannte ihn zum Fürsten über die gesamte Provinz Babel und zugleich zum Oberhaupt aller Weisen Babylons (Vers 48).

Aus Nebukadnezars Sicht mag das folgerichtig gewesen sein, aber die babylonischen Gelehrten werden darüber nicht erfreut gewesen sein. Nicht genug damit, daß Daniel sie durch seine überragenden Kenntnisse bloßgestellt hatte, nun war er auch noch ihr Vorgesetzter. Vielleicht fürchteten sie, daß der Hebräer sich in ihre Kompetenzen einmischen und die Weisheitssuche in eine ihnen fremde Richtung lenken würde. Sie waren es gewohnt die Sterne zu befragen oder in den Eingeweiden von Opfertieren nach göttlichen Fingerzeigen zu suchen, doch für solche Methoden hatte Daniel anscheinend nichts übrig. Jedenfalls praktizierte er sie nicht, sondern schien tatsächlich einen „direkten heißen Draht" zu den Göttern zu haben. Und daß er sich dann auch noch für seine hebräischen Freunde einsetzte, um sie in hohe Staatsämter zu hieven, bereitete ihnen zusätzlich Unbehagen und machte Daniel in ihren Augen nicht sympathischer, obwohl sie natürlich wußten, daß sie diesem Mann ihr Leben verdankten (Vers 49).

Nicht zuletzt haben Nebukadnezars Traum und Daniels Erklärung selbst noch für uns Bedeutung, die wir ca. 2500 Jahre später leben. Auf welche Weise tangiert es unser Leben? Er ist ein schlagender Beweis für das allumfassende Vorherwissen des einzig wahren Gottes. Der Traum zeigt uns auf eine sehr reale und konkrete Weise, nämlich durch nachweisbare Ereignisse in der Geschichte, daß es tatsächlich einen Gott im Himmel gibt, ja, noch mehr: Daß er sich sogar um uns Menschen kümmert. In der Geschichte können wir seine lenkende Hand erkennen, seine vorausschauende Allwissenheit aus der Prophetie. In der Rückschau können wir Daniels Deutung auf ihre Genauigkeit hin überprüfen.

Wir können die 2500 Jahre Geschichte überblicken, die seitdem verstrichen sind, und feststellen, ob die vorausgesagten Ereignisse auch wirklich eingetreten sind. Und dabei zeigt sich, daß alles so eingetroffen ist, wie Gott es vorausgesagt hat, mit Ausnahme der Endzeitereignisse, die auch für uns noch zukünftig sind.

Wie das möglich ist, sagt Daniel selbst: „Aber es ist ein Gott im Himmel, der kann Geheimnisse offenbaren. Der hat ... kundgetan, was in künftigen Zeiten geschehen soll." (Vers 28) Gottes Geheimnisse sind uns zugänglich, weil er sie selbst besonders berufenen Menschen, den Propheten, kundgibt. Im Klartext heißt das: Was Daniel niedergeschrieben hat, ist nicht die Spekulation eines Menschen, sondern Gotteswort. Und dieses Wort hat uns nicht weniger zu sagen als den Menschen von damals.

Wenn es um die Wahrheit geht, ist eine Zeitspanne von 2500 Jahren völlig nebensächlich. Aus seiner Fürsorge heraus hat Gott damals Nebukadnezar seinen Plan mit der Welt wissen lassen. Aus der gleichen Fürsorge möchte er, daß jeder heute diesen Plan kennt und versteht.

Ein letzter Punkt ist bezüglich dieses Traums für uns von größter Bedeutung: In welchem Abschnitt der Geschichte leben wir heute? Wir leben weder z. Zt. Babylons noch Medo-Persiens noch Griechenlands. Wir befinden uns im Ablauf der Geschichte ganz am Ende des Geschehens. Seit 1500 Jahren bestehen nun die zerteilten Reiche. Was steht als nächstes an? Aber „zur Zeit dieser Könige wird der Gott des Himmels ein Reich aufrichten, das nimmermehr zerstört wird; und sein Reich wird auf kein anderes Volk kommen. Es wird alle diese Königreiche zermalmen und zerstören; aber es selbst wird ewig bleiben." (Vers 44)

Wer damit rechnet, daß sich die Geschichte dieser Welt endlos fortsetzt, irrt. Mag sein, daß es den Menschen lieb wäre, wenn alles immer so weitergehen würde wie gewohnt, aber darauf läßt sich Gott nicht ein. Er will, daß sein Reich aufgerichtet wird. Wollen wir das auch? Vielleicht ist der Tag gar nicht mehr fern, an dem geschieht, was Gott zugesagt hat, denn „zur Zeit dieser Könige" wird Gott sein ewiges Reich aufrichten. Wir können Bürger dieses Reiches werden, wenn wir uns darauf vorbereiten, indem wir uns ihm anvertrauen und treu bleiben wie Daniel und seine Freunde.

## 📖 EINSTIEG

### Daniel 7

Lies Daniel 7 mindestens zweimal durch. Dann beantworte folgende Fragen und löse die entsprechenden Aufgaben:

1. *Teile eine Seite deines Merkhefts in drei Spalten auf. Trage in die erste Spalte alle Symbole und Reiche ein, die du in den Versen 2-14 findest. In die zweite Spalte schreibe die entsprechenden Symbole und Reiche aus Daniel 2. In der dritten Spalte beschreibe so weit wie möglich die Königreiche und geschichtlichen Ereignisse in jedem Stadium der parallelen Prophezeiungen von Daniel 2 und 7.*

2. *Erstelle eine Liste der charakteristischen Merkmale jedes in Daniel 7 genannten Tiers. Mache dasselbe auch beim „kleinen Horn". Benutze für diese Übung alles, was in Kapitel 7 angeführt wird. Inwiefern verdeutlichen und erläutern die zusätzlichen Details in Daniel 7 die Geschichte der in Daniel 2 dargestellten Königreiche?*

3. *Wie gelangt Daniel 2 zum Höhepunkt und Abschluß? Wie erreicht Daniel 7 seinen Höhepunkt und Abschluß? Wo siehst du Ähnlichkeiten? Welche Unterschiede sind dir aufgefallen? Welche zusätzlichen Informationen bietet Daniel 7 zum Höhepunkt und zum Abschluß?*

4. *Wie wird Christus in der Prophezeiung von Daniel 7 dargestellt? Vergleiche mit Daniel 2. Welche Gründe kannst du für den Unterschied anführen?*

5. *Inwiefern stärken die Weissagungen in Daniel 2 und 7 dein Vertrauen zum prophetischen Wort? Welches Bild von Gott hast du aus diesen Kapiteln gewonnen?*

## 📖 ERKLÄRUNG

### Das Umfeld

Die erste Hälfte von Daniel 2 enthält erzählte Geschichte, der Rest ist Prophetie. Bei Daniel 7 verhält es sich anders. Außer einer Datumsangabe und einer einführenden Bemerkung enthält das Kapitel keine Hinweise zum geschichtlichen Umfeld (Vers 1). Daniel 7 ist durch und durch prophetisch orientiert und bildet so den Auftakt zum Rest des Buches Daniel, in dem es fast nur noch um Prophetie geht.

Wenn wir Daniel 7 und Daniel 2 im bezug auf die Übermittlung der prophetischen Botschaft vergleichen, ergeben sich Gemeinsamkeiten, aber auch Unterschiede. Sowohl Nebukadnezar wie auch Daniel empfingen die Visionen während sie schliefen. Die Übermittlungsart für die Botschaften war zwar dieselbe, aber die Empfänger unterschieden sich sehr voneinander. Der Traum vom Standbild war an einen heidnischen König gerichtet und zunächst weitgehend für ihn gedacht. Der Adressat der Vision in Daniel 7 war der Prophet Daniel, obwohl die Prophezeiung nicht nur für ihn bestimmt war, sondern dem ganzen Volk Gottes galt.

Bisher war Daniel durchweg nur Deuter von Botschaften gewesen, die Gott an andere gerichtet hatte, ob es nun der Traum vom Standbild oder die Schrift an der Wand waren. In Daniel 7 ist zum ersten Mal die Rede davon, daß Daniel selbst eine Botschaft direkt von Gott empfing.

Hier sollten wir uns noch einmal daran erinnern, daß die einzelnen Kapitel des Danielbuchs nicht in chronologischer Reihenfolge angeordnet sind. Möglicherweise stellt die Vision in Daniel 7 so etwas wie eine persönliche Berufung zum Prophetenamt dar, denn mit ihr wandte sich Gott zum ersten Mal direkt und „exklusiv" an Daniel.

## Der Traum

Die Vision begann mit einem Blick auf das windgepeitschte „große Meer", dem nacheinander vier seltsame Tiere entstiegen (Verse 2.3). Geographisch gesehen handelte es sich dabei offensichtlich um das Mittelmeer, denn die vier durch Tiere dargestellten Nationen waren Mittelmeermächte oder hatten zumindest Territorien rund ums Mittelmeer in ihre Gewalt gebracht.

In den Visionen, wie sie im Buche Daniel aufeinanderfolgen, wird erkennbar, wie sich der Handlungsspielraum der Mächte fortlaufend erweitert und wie sich ihre Aktivität steigert. Das Standbild im Tal Dura stand einfach da, während die in Daniel 7 geschilderten Tiere aus dem Meer heraussteigen und ganz unterschiedliche Merkmale aufweisen, auch wenn ihre Aktivitäten noch nicht zielgerichtet erscheinen. Bei dem Widder und dem Ziegenbock, von denen in Daniel 8 die Rede ist, lassen sich schon ganz bestimmte Absichten erkennen: Beide stoßen in genau definierte Richtungen vor (Verse 4.5). Solch zielgerichtetes Handeln läßt sich in der Vision von Daniel 7 noch nicht erkennen. Wenn wir die Botschaft dieser prophetischen Schau also richtig verstehen wollen, müssen wir mehr auf das achten, was in den charakteristischen Merkmalen der Tiere zum Ausdruck kommt, als auf das, was sie tun.

Vom ersten Tier sagte Daniel, daß es „wie ein Löwe" aussah (Vers 4). Er hatte zwar ein Tier gesehen, das er kannte, dennoch wich es von dem Bild eines normalen Löwen ab, weil es auf dem Rücken Flügel hatte. Irgendwann wurden dem Löwen die Flügel ausgerissen, und er richtete sich auf wie ein Mensch und bekam sogar ein menschliches Herz.

In der späteren Deutung dieser Vision wird das Weltreich, das durch dieses Tiersymbol dargestellt werden sollte – wie auch die anderen Reiche – nicht beim Namen genannt.

Das zweite Tier glich einem Bären (Vers 5), dessen eine Seite stärker zu sein schien als die andere. Die drei Rippen im Maul deuten auf Beute hin. Und da der Bär felsiges Gelände mit Höhlen liebt, könnte die Wahl dieses Tieres darauf hinweisen, daß die symbolisierte Macht aus einer gebirgigen Gegend kommt.

Das dritte Tier sah aus wie ein Leopard (Vers 6). Allerdings hatte es auf dem Rücken vier Flügel und verfügte über vier Köpfe.

Für das vierte Tier scheint Daniel jede Vergleichsmöglichkeit gefehlt zu haben. Er bezeichnet es einfach als „Tier" und beschränkt sich bei der Beschreibung auf Eigenschaften wie „furchtbar und schrecklich", „sehr stark", „eiserne Zähne", „fraß um sich ... und zertrat" (Vers 7), d. h. es war eine erobernde, zerstörerische Macht.

144

Ein besonders hervorstechendes Merkmal sind die zehn Hörner, und an dieser Stelle sollten sich später auch die entscheidenden Aktivitäten abspielen.

Zuerst begann ein „kleines Horn" zwischen den zehn anderen, die größer waren, hervorzuwachsen, das die anderen aber bald überragte und drei der anderen Hörner verdrängte (Verse 7.8). Seine Aktivitäten werden merkwürdigerweise nicht mit politischen, sondern religiösen Begriffen beschrieben. Es lästerte Gott und verfolgte die Heiligen (Vers 25).

Plötzlich wechselte die Szene. Daniel sah einen himmlischen Gerichtshof, der über das „Tier", das „kleine Horn" und die gesamte Menschheit zu Gericht saß und ein Urteil fällte (Verse 9.10). Nachdem das Urteil vollstreckt war, wurde Daniel gezeigt, daß Gott anstelle der irdischen Reiche sein unvergängliches Reich errichtet.

Die Heiligen des Allerhöchsten wurden in dieses Reich, in dem der Menschensohn für immer über sie herrschen wird, geführt. Seit jeher haben irdische Machthaber über die Heiligen Gottes geherrscht, je nachdem, wer gerade an der Macht war. Wenn Gott sein Reich aufrichtet, ist damit endlich Schluß. Denn die endgültige Bestimmung der Gläubigen ist das ewige Leben unter der weisen und gütigen Regentschaft Gottes und Jesu Christi.

## Die Deutung

Als Daniel nachfragte, was diese Vision zu bedeuten habe, erklärte ihm ein Engel, daß es darin um die Geschichte dieser Welt und ihren Abschluß gehe (Verse 15.16). Am Ende werde die Geschichte der Menschheit einmünden in das Reich Gottes, denn „die Heiligen des Höchsten werden das Reich empfangen und werden's immer und ewig besitzen" (Vers 18). Gott selbst wird die Probleme lösen, die die Mächte dieser Welt verursacht haben und an denen sie letztlich alle zugrunde gegangen sind.

Als Daniel nach Einzelheiten fragte – vor allem im Blick auf das vierte Tier –, ging der Engel auch darauf ein und gab eine ziemlich detaillierte Deutung der Vision (Verse 23-27).

## Die Deutung der Tiere

Zunächst fällt auf, daß die betreffenden Reiche zwar unter verschiedenen Symbolen dargestellt werden, aber ihre Namen werden nicht genannt. Wie sollen wir sie da identifizieren? Die Antwort kann nur lauten: Im Vergleich mit den anderen Prophezeiungen im Buch Daniel. In Daniel 2,38 wird der Name des ersten Reichs genannt: Babylon. Daniel 8 fügt die Namen der beiden folgenden Reiche hinzu.

Sind solche Vergleiche erlaubt? Ist es überhaupt sicher, daß Daniel 2 dieselben Königreiche beschreibt wie Daniel 7, daß sich also die beiden prophetischen Berichte decken?

Ein erster wichtiger Hinweis ist die literarische Struktur des Buches Daniel von der schon mehrfach die Rede war (vgl. Seite 36-38). Darin sind nämlich die Kapitel 2 und 7 parallel angeordnet, weil sie einander inhaltlich entsprechen. Vor allem der geschichtliche Teil des Danielbuches ist so strukturiert, daß die inhaltlich zusammengehörenden Kapitel jeweils ein Paar bilden, das durch ein gemeinsames Thema jeweils miteinander verbunden ist: Kapitel 4 und 5, Kapitel 3 und 6 sowie Kapitel 2 und 7. Das legt den Gedanken nahe, daß diese Kapitel einander ergänzen und sich folglich der Inhalt des einen aus dem des anderen erklären lassen muß.

Ein weiterer Hinweis ist die Tatsache, daß die prophetischen Hauptelemente von Daniel 2 und 7 übereinstimmen. In beiden Fällen ist von vier Reichen die Rede, wenn sie auch jeweils unter anderen Symbolen dargestellt werden. Auch die spezifische Entwicklung des vierten Reichs ist in beiden Kapiteln gleich. In Daniel 2 wird die Aufteilung des vierten Reiches durch Füße aus Eisen und Ton dargestellt. In Daniel 7 ist in Verbindung mit dem vierten Tier bzw. Reich von zehn Hörnern und dem „kleinen Horn" die Rede. Auch das Ziel ist in beiden Berichten dasselbe: Gottes Reich. Wer also beide Kapitel inhaltlich miteinander vergleicht, muß zu dem Schluß kommen, daß sich beide Prophezeiungen entsprechen. Beide Kapitel enthalten trotz unterschiedlicher Symbole die gleichen Hauptelemente mit demselben Ziel. Von daher ist anzuneh-

# DAS RÖMISCHE REICH IM ERSTEN JAHRHUNDERT VOR CHRISTUS BIS 150 NACH CHRISTUS

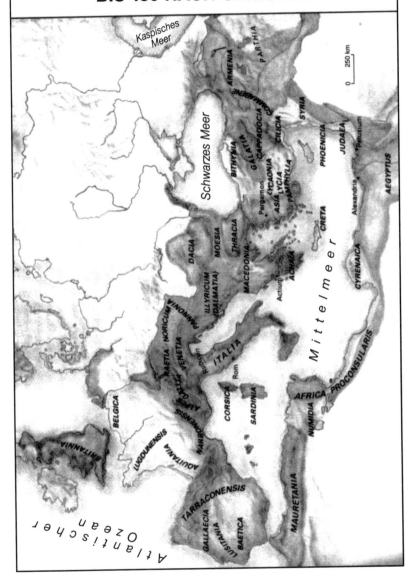

men, daß beide Kapitel von denselben vier Reichen sprechen, wobei Daniel 7 noch eine Reihe zusätzlicher Angaben anzubieten hat.

Außer den Ähnlichkeiten bezüglich Inhalt und Zielsetzung gilt es noch, den übereinstimmenden Sprachgebrauch zu berücksichtigen. In Daniel 2 wird das bronzene Königreich ausdrücklich als das „dritte" (Vers 39) und das eiserne als das „vierte" Reich (Vers 40) bezeichnet. Dem entspricht die Zählung in Daniel 7, wo vom „ersten", „zweiten" oder „vierten" Tier gesprochen wird. Daniel nennt die Anzahl der Tiere, der Engel deutet sie auf vier Königreiche (Vers 17). Da beide Prophezeiungen von derselben Anzahl von Königreichen sprechen, liegt der Schluß nahe, daß sie sich auf dieselben Mächte beziehen.

Hinzu kommt, daß in der Symbolik, die für das vierte Reich verwendet wird, in beiden Kapiteln das Eisen vorkommt. Beim Standbild sind es die eisernen Beine, bei dem schrecklichen Tier die eisernen Zähne und Klauen (Da 7,19). Nur beim vierten Tier spielt Eisen in Daniel 7 eine Rolle. Auf diese Weise wird eine direkte Beziehung zum vierten Reich in Daniel 2 hergestellt.

Angesichts dieser Übereinstimmungen dürfte klar sein, daß es sich in beiden Kapiteln um die nacheinander auftretenden Weltreiche Babylon, Medo-Persien, Griechenland und Rom handelt.

Die Tiere in Kapitel 7 lassen sich darüber hinaus auch durch die in Kapitel 8 erfolgten Deutungen identifizieren. Das zweite Tier von Daniel 7 ist die Parallele zum ersten Tier von Daniel 8, und das dritte Tier von Daniel 7 entspricht dem zweiten Tier von Daniel 8. Wie kommen wir darauf?

Der Bär von Daniel 7 ist nach einer Seite hin halb aufgerichtet (Vers 5), während bei dem Widder in Daniel 8 ein Horn größer ist als das andere (Vers 3). In Daniel 8,20 wird der Widder als Medo-Persien gedeutet, und die Doppelnatur dieses Reichs soll die zwei politischen Elemente darstellen, aus denen es besteht. Der Bär von Kapitel 7 und der Widder von Kapitel 8 stellen daher ein und dieselbe Macht dar, nur jeweils unter anderen Symbolen.

Das trifft auch auf den Ziegenbock in Kapitel 8 zu, der ein „ansehnliches Horn zwischen seinen Augen hatte" (Vers 5). Er wird als das griechische Reich identifiziert (Vers 21). Das Horn wurde aus- gerissen und an seine Stelle traten vier andere Hörner. Diese Sym- bolik entspricht den vier Häuptern und vier Flügeln des Leoparden in Kapitel 7, so daß der Ziegenbock in Kapitel 8 und der Leopard in Kapitel 7 dieselbe Macht darstellen. Zur besseren Übersicht wol- len wir das eben Gesagte in einem Diagramm darstellen:

| Königreich | Daniel 2 | Daniel 7 | Daniel 8 | Bedeutung |
|---|---|---|---|---|
| 1 | Gold | Löwe | | Babylon (2,38.39) |
| 2 | Silber | Bär | Widder | Medo-Persien (8,20) |
| 3 | Bronze | Leopard | Ziegenbock | Griechenland (8,21) |
| 4 | Eisen | Namenlo- ses Tier | Verschlagener König | Rom |

Obwohl die in Kapitel 7 auftretenden Mächte nicht mit Namen genannt werden, lassen sie sich anhand ihrer eindeutigen Verbin- dungen zu den in Daniel 2 und 8 namentlich genannten Mächten als Babylon, Medien-Persien, Griechenland und Rom identifizieren.

Bleibt noch die Aufgabe, die verschiedenen charakteristischen Merkmale der Tiere zu deuten und in die Weltgeschichte einzupassen.

*Der babylonische Löwe* (vgl. Karte des Babylonischen Weltreichs auf Seite 133). Die beiden Flügel auf dem Rücken sollen offenbar anzeigen, daß sich dieser Löwe schneller bewegen kann als alle seine Artgenossen. Das bewies sich in den frühen Eroberungen unter Nebukadnezar. Später wurden dem Löwen die Flügel ausge- rissen. Tatsächlich vergrößerte sich das babylonische Reich in späte- rer Zeit kaum noch, sondern schrumpfte sogar unter einem so schwachen König wie Nabonid. Babylon besaß nicht mehr das Herz eines Löwen, der Beute macht, sondern hatte nun das Herz eines Menschen, dem der Sinn nicht mehr nach Eroberungen steht (7,4).

Um Babylon symbolisch darzustellen gab es kein besseres Bild als das des Löwen. Die Prozessionsstraße von Babylon war auf beiden Seiten mit einem Fries relieffförmig herausgearbeiteter Löwenfiguren geschmückt. Und auch die Außenwände des königlichen Audienzsaals waren unten mit einer Reihe von Löwen aus glasierten Ziegeln ausgestattet. Außerdem stand im Hof des Palasts ein großer steinerner Löwe. In der babylonischen Mythologie trugen Löwen die Göttin Ischtar auf dem Rücken.

*Der persische Bär* (vgl. Karte des persischen Reichs auf Seite 135). Die erwähnte Doppelnatur des medo-persischen Reichs kommt treffend darin zum Ausdruck, daß sich der Bär auf einer Seite halb aufrichtet (Vers 5). Zwischen dem 9. und 7. Jahrhundert v. Chr. waren die Meder eine bedeutende Macht im Nahen Osten. Sie bedrohten ständig die Vorherrschaft der Assyrer. Im 6. Jahrhundert drängte der Perserkönig Kyros die Meder aus einigen ihrer eroberten Gebiete heraus, beschnitt ihre Macht und schloß sich schließlich mit ihnen zu einem gemeinsamen medo-persischen Weltreich zusammen. Die drei Rippen im Maul des Bären sind leicht als die Eroberung von drei Reichen zu erkennen: Lydien, das heutige Anatolien (547), Babylon (539) und Ägypten (525). Die ersten beiden Eroberungen gingen auf das Konto von Kyros, nachdem er das medo-persische Weltreich zusammengeschweißt hatte. Den Feldzug gegen Ägypten unternahm sein Sohn Kambyses.

*Der griechische Leopard* (vgl. Karte des griechischen Reiches auf Seite 137). An dem Leoparden fallen zunächst die Flügel auf (Vers 6), wobei die Zahl vier auf die besondere Schnelligkeit hindeutet, mit der die Griechen den Nahen Osten eroberten. Die Assyrer brauchten drei Jahre, um Samaria einzunehmen (725-722) und die Babylonier nahmen Jerusalem ebenfalls nach dreijähriger Belagerung (589-586).

Alexander der Große brauchte nur drei Jahre, um sich den gesamten Nahen Osten von Ägypten bis zum Industal zu unterwerfen. Aber wie gewonnen, so zerronnen! Nach Alexanders Tod zerbrach sein Imperium in vier Teile, prophetisch dargestellt durch die vier Köpfe des Leoparden.

Seine Generäle zerstückelten das Alexanderreich in vier Teile und teilten es auf in: Griechenland auf dem europäischen Festland,

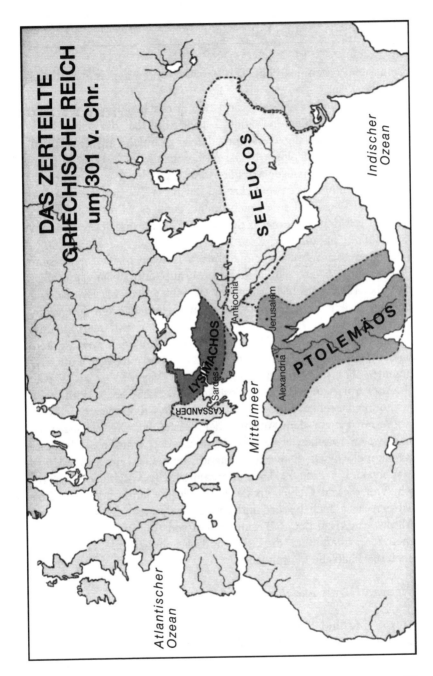

DAS ZERTEILTE
GRIECHISCHE REICH
um 301 v. Chr.

SELEUCOS

PTOLEMÄOS

LYSIMACHOS

KASSANDER

Sardes

Antiochia

Jerusalem

Alexandria

Mittelmeer

Indischer
Ozean

Atlantischer
Ozean

Kleinasien, Syrien (einschließlich Babylon) und Ägypten (vgl. Karte auf Seite 151).

*Das namenlose Tier* (vgl. Karte des Römischen Reichs auf Seite 147). Das vierte Reich in Kapitel 7 stellt Rom dar, das seine Opfer zerriß und verschlang. Was übrig blieb, zertrat es mit den Füßen (Vers 7). Die Archäologie bietet ein anschauliches Beispiel für den rücksichtslosen Zerstörungsdrang Roms. Auf der Westseite Jerusalems lag früher das tyropäische Tal, auch als Tal der Käsemacher bekannt. Heute existiert es nicht mehr, denn es wurde völlig zugeschüttet mit den Trümmern, die bei der Zerstörung Jerusalems im Jahre 70 n. Chr. anfielen.

Die englische Archäologin Kathleen Kenyon machte in diesem Gebiet einen tiefen, schmalen Probeaushub und stellte dabei fest, daß die Trümmerschicht ungefähr 21 Meter dick ist. Die Römer müssen praktisch den gesamten Schutt des zerstörten Jerusalem abgeräumt haben. Die römischen Ingenieure waren damals für ihre gründliche Arbeit beim Niederreißen und Aufbauen von Städten bekannt. In diesem Sinne „fraß" das alte Rom um sich und „zermalmte" alles, was ihm unter die Füße kam (Vers 7).

Aber trotz seiner Rücksichtslosigkeit und Stärke sollte Rom nicht für immer bestehen. Im 5. und 6. Jahrhundert n. Chr. zerbrach das Römerreich unter dem Ansturm der Germanen. Die Reichshauptstadt war inzwischen weiter nach Osten verlegt worden, nach Konstantinopel. Doch dadurch entstand in Italien ein gefährliches Machtvakuum. Eine Zeitlang übernahmen die Ostgoten die Herrschaft in diesem Gebiet. In der Mitte des 6. Jahrhunderts n. Chr. wurden sie jedoch besiegt und verschwanden aus der Geschichte. All das trug dazu bei, daß dem Bischof von Rom neben der geistlichen Herrschaft über die Stadt und das umliegende Land auch noch die staatliche Gewalt zufiel.

### Die zehn Hörner und das „kleine Horn"

Aufspaltung und Untergang des römischen Imperiums werden in der Prophezeiung zuerst durch die zehn Hörner des vierten Tiers und dann durch das Aufkommen des „kleinen Horns" symbolisiert. Die Deutung des Engels lautet: „Die zehn Hörner bedeuten zehn Könige, die aus diesem [vierten] Königreich hervorgehen werden." (Vers 24) Die Begriffe König und Königreich sind sowohl in Daniel 7 wie auch in Daniel 2 austauschbar. In Daniel 7,17 steht im Grundtext „Könige", obwohl das Wort bei Luther mit „Königreiche" wiedergegeben wird. So ist es auch in Daniel 2, wo Daniel zu Nebukadnezar sagt: „Du bist das goldene Haupt", aber „nach dir wird ein anderes *Königreich* aufkommen, geringer als deines" (Verse 38.39, kursiv hinzugefügt). Deshalb repräsentieren die zehn Hörner, die aus dem Haupt des Tiers herauswachsen, die verschiedenen Teile, in die das Imperium unter dem Ansturm der Germanenvölker zerfiel, die sich in verschiedenen Gegenden Europas niederließen (vgl. Karte auf Seite 155).

Der Todesstoß am Ende des Zerfallsprozesses erfolgte 476 n. Chr., als die Stadt Rom in die Hände der Heruler fiel. Diese Volksstämme, die von den zehn Hörnern des vierten Tiers dargestellt werden, entwickelten sich schließlich zu den heutigen Völkern Europas. Immer wieder wollten Bibelausleger wissen, wer genau diese zehn Stämme waren, die zu den heutigen Nationen geworden sind. Wahrscheinlich ist es jedoch besser, die Zahl zehn in Daniel 7 als runde Zahl zu verstehen, die im Verlauf der Geschichte zeitweise über- oder auch unterschritten werden konnte, je nach den politischen und militärischen Erfolgen oder Mißerfolgen der einzelnen Mächte.

In Daniels Vision heißt es, daß drei dieser Hörner infolge der zunehmenden Macht des „kleinen Horns" ausgerissen wurden (Vers 8). Diese drei Stämme lassen sich einigermaßen genau bestimmen. Der Kampf der europäischen Völker um Macht und Vorherrschaft waren meist sowohl politischer wie auch religiöser Natur. Häufig verband sich Streit über territoriale Ansprüche mit theologischen Lehrstreitigkeiten. Wie nie zuvor in der Geschichte der Christenheit wurde in jener Zeit die Macht des Staates benutzt, um tatsächliche oder vermeintliche Ketzer auszurotten. Justinian, damals römischer Kaiser in Konstantinopel, schätzte sich glücklich, daß er dem Bischof von Rom in diesen Auseinandersetzungen beistehen konnte, die sowohl seinen eigenen politischen Zielen wie denen der römischen Kirche von Nutzen waren. 534 n. Chr. sandte er sein Heer und seine Flotte gegen die Vandalen in Nordafrika und besiegte sie. Danach fiel Belisar, Justinians General, in Italien ein, um die Stadt Rom von den Ostgoten zu befreien. Im Jahre 538 n. Chr. besiegte er sie in der Nähe ihrer Hauptstadt Ravenna. Zwar bestand das Ostgotenreich noch bis 555 und beherrschte einen beachtlichen Teil der italienischen Halbinsel, aber die Wende war im Jahre 538 eingetreten. Durch den Sieg Belisars war Rom nach 60 langen Jahren endlich wieder von den „Barbaren" befreit worden, und der römische Bischof hatte das Regiment in der Stadt übernommen.

Bei zwei der vom „kleinen Horn" ausgerotteten Stämme ist man sich ziemlich einig, daß es sich dabei um die Vandalen (534) und die Ostgoten (538/555) gehandelt hat. Über die Identität der dritten Macht gibt es unterschiedliche Meinungen. Einige adventistische Historiker sind der Ansicht, daß es die Heruler waren, jener Germanenstamm, der Rom im Jahre 476 einnahm. Allerdings wurden sie später von den Ostgoten besiegt.

Die geschichtlichen Tatsachen scheinen eher auf die Westgoten hinzudeuten. Dieses germanische Volk lebte in Südfrankreich und wurde dort im Jahre 508 vom Frankenkönig Chlodwig besiegt. Ein Teil der Westgoten rettete sich nach Spanien und wurde dort im 8. Jahrhundert von den moslemischen Invasoren unterworfen. Da die Westgoten von den Franken nicht völlig vernichtet wurden, meinen einige Bibelausleger, sie könnten nicht die dritte Macht gewesen sein, die vom „kleinen Horn" ausgerottet werden sollte.

Aus dem Wortlaut der Prophezeiung geht jedoch nicht hervor, ob es sich dabei um ein völliges Verschwinden von der Bühne der Weltgeschichte handeln sollte oder ob nur daran gedacht war, daß der Volksstamm Rom nicht mehr gefährlich werden konnte.

Interessant ist in diesem Zusammenhang, daß es in der Auseinandersetzung zwischen dem „kleinen Horn" und den drei anderen

# DAS ZERTEILTE RÖMISCHE REICH

Atlantischer Ozean

ANGEL-SACHSEN

FRANKEN

ALEMANNEN

LOMBARDEN

OSTGOTEN

BURGUNDER

WESTGOTEN

SUEVEN

HERULER

Vandalen

Mittelmeer

Obwohl die Grenzen damals fließend waren, zeigt die Karte die ungefähre Lage der zehn Nachfolgestaaten des Römischen Reiches um 476 n. Chr.

Hörnern nicht in erster Linie um machtpolitische Aspekte, sondern vor allem um theologische Differenzen ging. Die Vandalen, Ostgoten und die Westgoten stimmten nämlich in bezug auf die göttliche Natur Jesu Christi nicht mit der römischen Kirche überein. Sie waren die führenden Kräfte im germanisch-arianischen[1] Machtblock, der in Opposition zur römischen Kirche stand. Mit ihrem Untergang war die Kirche lästige theologische Gegner los. Dadurch war der Weg frei zur Verbreitung des römisch geprägten Christentums. An sich muß das Zurückdrängen der arianischen Irrlehre als positiv gewertet werden, doch die Sache hat einen Haken.

Weitere Entwicklungen und Vorgänge innerhalb der Kirche haben sich nämlich negativ und geradezu verhängnisvoll auf das Christentum ausgewirkt. Die römische Kirche verrannte sich, indem sie staatliche Gewalt in Anspruch nahm. Aus diesem Grund wird das „kleine Horn" in der Weissagung als eine religiöse Größe dargestellt, die nach Macht strebt, um alle verfolgen zu können, die ihre Autorität nicht anerkennen (Verse 21.25).

Die vier Tiermächte in Kapitel 7 strebten allesamt nach territorialer Ausweitung ihres Machtbereichs. Das „kleine Horn" scheint dagegen vor allem an der Vergrößerung seines religiösen Einflusses interessiert gewesen zu sein. Deshalb hat eine ganze Reihe von Bibelauslegern das Symbol „kleines Horn" nicht als selbständige Macht gedeutet, sondern lediglich als zweite Entwicklungsphase Roms.

Seine heidnisch-weltgeschichtlich erste Phase wird ihrer Meinung nach durch das „schreckliche Tier" (Vers 7) dargestellt, während die religiös-kirchengeschichtliche Periode durch das „kleine Horn" symbolisiert wird. Gibt es in Daniel 7 Hinweise, die eine solche Deutung zulassen?

---

[1] Der *Arianismus* war die folgenreichste Irrlehre in der alten Kirche. Er sprach Jesus das wahre Gottsein ab und lehrte, Christus sei nur das bevorzugte Geschöpf des Vaters, der ihn aus dem Nichts geschaffen habe. Das Konzil von Nizäa (325) verurteilte den Arianismus und bekannte sich zur Wesensgleichheit von Vater und Sohn.

## Charakteristische Merkmale des „kleinen Horns"

Erstens: Das „kleine Horn" wächst aus dem vierten Tier heraus – inmitten der zehn Hörner. Es entsteht also aus dem Untier, das Rom darstellt (Verse 7.8.24) und muß demzufolge in irgendeiner Form eine Fortsetzung des römischen Imperiums sein.

Zweitens: Zum Identifizieren des „kleinen Horns" sind der Zeitpunkt und die Begleiterscheinungen seines Auftretens wichtig. Die zehn Hörner des vierten Tiers stellen offensichtlich die Teile dar, in die das römische Imperium zerfiel. Das „kleine Horn" wuchs inmitten dieser Hörner auf und erreichte den Höhepunkt seiner Macht, *nachdem* die Germanen das römische Reich zerschlagen hatten, das heißt, um das 5. und 6. Jahrhundert n. Chr. Wir haben bereits gesehen, daß drei Hörner oder Völker durch das Eingreifen des oströmischen Kaisers Justinian und der Franken, die beide unter dem Einfluß des römischen Bischofs standen, vernichtet wurden.

Drittens: Das „kleine Horn" führt „große Reden" gegen den Höchsten (Verse 8.11.20). Neben einigen Titeln, mit denen sich zuvor die römischen Kaiser geschmückt hatten, übernahm der Bischof von Rom religiöse Titel und Privilegien, die man tatsächlich als „große Reden" oder gar als „Lästerungen" bezeichnen kann (Vers 25).

Der römische Bischof beanspruchte beispielsweise „Stellvertreter des Sohnes Gottes" zu sein. Er behauptete damit, hier auf Erden die Stelle Christi einzunehmen. Auch der Titel „Heiliger Vater" läßt sich nicht mit dem vereinbaren, was Jesus selbst über den religiösen Gebrauch des Begriffs „Vater" lehrte (vgl. Mt 23,9). Ferner ist die römische Praxis der Sündenvergebung durch Beichte und Lossprechung aus biblischer Sicht höchst fragwürdig, wo doch Juden damals den Ausspruch Jesu, Sünden vergeben zu können, als Gotteslästerung einstuften (Mt 9,2-6). In einem Handbuch für Priester („Dignities and Duties of the Priest", S. 26.27) heißt es, daß Gott verpflichtet sei, in dem Augenblick auf den Altar herabzukommen, da der Priester die Messe liest. Dabei spiele die geistliche Verfassung des Priesters, der diesen Dienst versieht, keine Rolle. Im Klartext heißt das, daß nicht der Mensch Gott dient, sondern Gott unter dem Kommando eines Menschen steht. In vielerlei Hinsicht überschreiten die Ansprüche des „kleinen Horns" in bezug auf Titel und Theologie das, was von der Heiligen Schrift her erlaubt ist.

Viertens: Die Heiligen des Höchsten geraten ins Visier des „kleinen Horns" und werden unterdrückt. Damit erweist es sich als Verfolgungsmacht (Vers 25). Die Kirchengeschichte belegt eindeutig, daß sich die römische Kirche jederzeit das Recht herausgenommen hat, gewaltsam gegen alle vorzugehen, die sich ihren theologischen Ansichten oder ihrer Autorität widersetzten. In der „New Catholic Encyclopedia" heißt es unter dem Stichwort „Folter":

> Unter dem Einfluß germanischer Sitten und Vorstellungen wurde die Folter vom neunten bis zum zwölften Jahrhundert nur selten angewandt, doch mit dem Wiederaufleben der römischen Gesetzgebung wurde diese Praxis im 12. Jahrhundert von neuem eingeführt ... 1252 sanktionierte [Papst] Innozenz IV. die Anwendung der Folter durch staatliche Autoritäten bei Ketzern. Hinfort gehörte diese Tortur zum kirchlicherseits erlaubten Bestandteil von Inquisitionsverfahren.

Von einer stark anti-katholischen Position aus schrieb der Historiker W. E. H. Lecky im 19. Jahrhundert:

> Daß die Kirche Roms mehr unschuldiges Blut vergossen hat als irgendeine andere Institution, die je in der Geschichte der Menschheit existiert hat [bis zum Ende des 19. Jahrhunderts], kann von keinem protestantischen Kenner der Geschichte bestritten werden. Die Erinnerungen an viele ihrer Verfolgungen sind heute in der Tat so dürftig, daß es unmöglich ist, sich einen Begriff von der Anzahl ihrer Opfer zu machen, und es ist ganz gewiß, daß keine Vorstellungskraft ausreicht, um sich die Leiden der Verfolgten annähernd vorzustellen. Llorente, der freien Zugang zu den Archiven der spanischen Inquisition hatte, versichert, daß allein durch jenes Tribunal mehr als 31 000 Personen verbrannt worden

sind und mehr als 290 000 zu Strafen verurteilt wurden, die kaum geringer als der Tod waren. Allein die Anzahl derjenigen, die in den Niederlanden während der Herrschaft Karls V. um ihres Glaubens willen den Tod erleiden mußten, wurde von einer bekannten Autorität auf 50 000 geschätzt, und mindestens noch einmal die Hälfte dieser Anzahl starb unter seinem Sohn. (Lecky, Bd. 2, S. 40.41)

Am anderen Ende der Skala steht eine Aussage von Robert Kingdom, der in seinen Schriften eher versucht hat, die Auswirkungen der Greueltaten der Bartholomäusnacht[1] in Paris herunterzuspielen. Dennoch gibt er zu:

> Das Massaker hörte mit diesem Schlachten nicht auf. Es weitete sich auf die allgemeine Bevölkerung von Paris aus, als der fanatisierte Mob Hunderte, wenn nicht gar Tausende protestantische Einwohner der Stadt umbrachte. Dabei beschränkte sich das Blutvergießen nicht nur auf Paris. Als sich die Nachricht von dem, was in der Hauptstadt geschehen war, im Königreich verbreitete, rottete sich überall im Land das Volk zusammen, und wir wissen, daß auch in einem Dutzend anderer Städte Protestanten gnadenlos niedergemetzelt wurden. Das Ziel all dieser Massaker war offensichtlich, die gesamte protestantische Bewegung mit Stumpf und Stiel auszurotten. (Kingdom, 35)

Über das Ergebnis der Massaker schlußfolgert Kingdom:

> Die Verfolgungen, die durch die Ermordung Admiral Colignys [Führer der protestantischen Bewegung], ausgelöst wurden, haben Frankreich weder religiös geeint noch der Gewalt zwischen den religiösen Parteien ein Ende bereitet. Die Regierung plante danach besser abgestimmte und zielgerichtetere Aktionen. Sie setzte die Armee ein, um die Zahl der Kommunen zu senken, die unter Leitung und Einfluß

---

[1] 23./24. August 1572 – Ermordung Colignys und der führenden Protestanten in Paris anläßlich der Hochzeit Heinrichs von Navarra mit Margarete von Anjou.

159

der abtrünnigen Protestanten verblieben waren. Diese Strategie verlagerte den religiösen Konflikt nur auf eine andere Ebene und schuf neue Typen von Märtyrern, an die Goulart und andere protestantische Autoren erinnern. (Kingdom, 50)

In diesem Zusammenhang soll auch an die Kreuzzüge gegen die Waldenser im Nordwesten Italiens und die Albigenser in Südfrankreich erinnert werden. Oft wird versucht, diese ganze blutige Geschichte dem französischen Staat anzulasten, da er ja schließlich die verfolgende Institution gewesen sei. Das ist aber nichts weiter als der untaugliche Versuch, die Schuld der Kirche an diesen Greueltaten zu vertuschen oder wenigstens herunterzuspielen.

Fünftens: Vom „kleinen Horn" heißt es, daß es sich „untersteht, Festzeiten und Gesetz zu ändern" (Vers 25). Das aramäische Wort für „Festzeiten" ist *zimnin*, der Plural von *zeman*. Wenn es in der Einzahl benutzt wird, bezieht es sich auf einen bestimmten Zeitpunkt, im Plural dagegen meint es wiederholte Zeitpunkte. Solche Zeitpunkte werden in Vers 25 in einem Atemzug mit Gottes Gesetz genannt.

Von welchem Gesetz könnte hier die Rede sein? Gott hat in alttestamentlicher Zeit verschiedene Gesetze erlassen, aber das Gesetz Gottes im eigentlichen Sinn des Wortes sind die Zehn Gebote (vgl. 2 Mo 34,28; 5 Mo 4,13;10,4). Im Dekalog gibt es allerdings nur ein Gebot, in dem es um die Zeit geht: das Sabbatgebot, das den siebten Wochentag als Ruhetag ausweist (vgl. 2 Mo 20,8-11). Das ist nachweislich von einer religiösen Institution, der katholischen Kirche, verändert worden. Selbst katholische Quellen geben freimütig zu, daß die Kirche den Ruhetag vom Sabbat (Samstag) auf den Sonntag verlegt hat, obwohl es dafür keine biblische Anweisung gibt. Angesichts der nach wie vor verbindlichen Weisung des vierten Gebots „Gedenke des Sabbattages, daß du ihn heiligest ... am siebenten Tage ist der Sabbat des Herrn, deines Gottes ...", konnte die Verlegung des Sabbats auf den Sonntag nicht besser charakterisiert werden als durch das Wort „unterstehen".

John A. O'Brien, Professor der Theologie an der Universität von Notre Dame, schrieb in den vierziger und sechziger Jahren:

Die Bibel enthält weder alle Lehren der christlichen Religion noch formuliert sie alle Pflichten für ihre Anhänger. Man nehme zum Beispiel die Beobachtung des Sonntags, den Besuch des Gottesdienstes, die Enthaltung von unnötiger, knechtischer Arbeit an diesem Tage, ein Thema, dem unsere protestantischen Freunde seit vielen Jahren große Aufmerksamkeit schenken. Ich möchte mich hier ganz freundschaftlich an meine protestantischen Leser wenden: Du glaubst, daß die Bibel der alleinige, unfehlbare Führer in religiösen Dingen ist? Du glaubst auch, daß eine der fundamentalen Pflichten, die dir dein christlicher Glaube auferlegt, die Sonntagsheiligung ist? Wo spricht aber die Bibel von einer solchen Verpflichtung? Ich habe die Bibel vom ersten Vers der Genesis bis zum letzten Vers der Offenbarung durchgelesen und habe keinen Hinweis auf die Heiligung des Sonntags gefunden. Der Tag, der in der Bibel erwähnt wird, ist nicht der Sonntag, der erste Tag der Woche, sondern der Samstag, der letzte Wochentag.

Die Kirche der Apostel hat kraft der ihr von Christus übertragenen Gewalt zu Ehren des Tages, an dem Christus von den Toten auferstanden ist und um zu bekunden, daß wir nicht mehr dem Alten Bund der Juden, sondern dem Neuen Bund Christi unterstehen, den Ruhetag auf den Sonntag verlegt. Ist es nicht offensichtlich, daß du damit in Wirklichkeit anerkennst, wenn du den Sonntag hältst, daß die Bibel allein als Richtschnur für den Glauben und das Leben nicht ausreicht und damit offen die Notwendigkeit eines von Gott gestifteten Lehramts anerkennst, was nach deiner Ansicht abzulehnen ist? (O'Brien, 138.139).

Ein paar Seiten weiter bekräftigt der Autor dieses Argument noch einmal:

Das dritte [nach biblischer Zählung das vierte] Gebot lautet: „Gedenke des Sabbattages, daß du ihn heiligest." Genauso wie die ersten beiden Gebote, beschäftigt sich auch dieses mit unseren Pflichten gegenüber Gott, insbesondere mit der Pflicht, ihn an einem dafür bestimmten Tag anzubeten. Das Wort *Sabbat* bedeutet Ruhe und der Samstag ist der siebente Tag der Woche.

Warum aber halten dann die Christen den Sonntag anstelle des in der Bibel erwähnten Tages? Die Kirche hat von ihrem Stifter, Jesus Christus, die Vollmacht erhalten, eine solche Veränderung durchzuführen. Er hat in feierlicher Form seiner Kirche die Macht übertragen, Gesetze zu erlassen, zu herrschen und die Sakramente zu verwalten ... und die Schlüsselgewalt auszuüben. Man beachte, daß die Kirche nicht das Gebot, das die Menschen verpflichtet, am Gottesdienst teilzunehmen, sondern nur den Tag geändert hat, an dem Gott öffentlich geehrt werden soll. Daher war das entsprechende Gebot nur ein zeremonielles Gebot.

Ist es nicht seltsam, weil doch ausdrücklich der Samstag und nicht der Sonntag in der Bibel erwähnt wird, daß Nichtkatholiken, die bekennen, daß sich ihr Glaube allein auf die Bibel gründet und nicht auf die Lehren der Kirche, den Sonntag und nicht den Samstag heiligen? Ja, natürlich ist das inkonsequent, aber dieser Wechsel fand 1500 Jahre vor dem Aufkommen des Protestantismus statt, und um jene Zeit war dieser Brauch allgemein verbreitet. Sie [die Protestanten] haben diesen Brauch beibehalten, obwohl er auf die Autorität der [katholischen] Kirche zurückzuführen ist und nicht auf ein ausdrückliches Wort der Bibel. Diese Beobachtung des Sonntags bleibt für immer eine Erinnerung an die Mutter Kirche, von der sich die nichtkatholischen Sekten getrennt haben – wie ein Junge, der von zu Hause weggelaufen ist, der aber in seiner Tasche immer noch ein Bild seiner Mutter trägt oder eine Haarlocke von ihr aufbewahrt. (O'Brien, 406-408)

Dieses Bekenntnis ist bemerkenswert ehrlich, erfüllt aber zugleich auch den Tatbestand der Vermessenheit. Denn diese Haltung steht in bewußtem Widerspruch zu einer nach wie vor gültigen Anordnung Gottes.

Daniel 7,25 sagt, daß sich das „kleine Horn" unterstehen wird, einen besonderen Zeittypus, genauer: einen sich ständig wiederholenden Zeitpunkt, der mit dem Gesetz Gottes in Verbindung steht, zu verändern. Das paßt genau zu der Rolle, die die Papstkirche in bezug auf den Siebenten-Tags-Sabbat gespielt hat.

Sechstens: Das letzte charakteristische Merkmal wird in Daniel 7,25 angeführt: „Sie werden in seine Hand gegeben werden eine Zeit, zwei Zeiten und eine halbe Zeit". Was ist damit gemeint? In Daniel 4 hatten wir gesehen, daß sich der Begriff „Zeit" auf ein Jahr bezog. Sieben „Zeiten" d. h. Jahre mußten vergehen, ehe Nebukadnezar seinen Verstand wieder erlangen sollte (Verse 13.20.22.29). Auf Daniel 7,25 angewandt, müßten „eine Zeit, zwei Zeiten und eine halbe Zeit" als dreieinhalb Jahre verstanden werden. Im Unterschied zu Nebukadnezars Traum, der nur dessen persönliches Schicksal behandelt, geht es in Daniel 7 um eine Darstellung geschichtlicher Ereignisse bis zu der Aufrichtung des Reiches Gottes. Solche apokalyptischen Prophezeiungen sind gewöhnlich in symbolische Sprache gekleidet, wie auch Daniel 7. Daher sollten die dreieinhalb Jahre ebenfalls als symbolisch-prophetisch verstanden werden.

Es handelt sich demnach um dreieinhalb prophetische Jahre. Jedes Jahr hat 360 Tage, also sind es zusammen 1260 Tage. Nach dem biblisch-prophetischen Jahr-Tag-Prinzip (d. h. 1 Tag steht für 1 Jahr) ergeben sich daraus 1260 buchstäbliche Jahre (vgl. Hes 4,6; 4 Mo 14,34). Eine eingehendere Diskussion des Jahr-Tag-Prinzips wird in den Kapiteln 6 und 7 des zweiten Bandes dieser Danielstudie erfolgen. Offenbarung 12,6.14 bestätigt übrigens diese Berechnung. Dort spricht Vers 6 von 1260 Tagen, die der „einen Zeit und zwei Zeiten und einer halben Zeit" von Vers 14 entsprechen.

Stellt sich die Frage: An welche Stelle im Verlaufe der Geschichte des „kleinen Horns", bzw. des Papsttums, gehören die 1260 Jahre? Welcher Periode der Kirchengeschichte entsprechen sie am besten?

Wie schon erwähnt fand der Übergang vom römischen Imperium zum mittelalterlichen Rom im 6. Jahrhundert n. Chr. statt. Der Einfluß des Imperiums schwand mehr und mehr, gleichzeitig bildete sich das Papsttum mehr und mehr aus. Fast jeder Machtposition, die der Staat aufgab, bemächtigte sich das Papsttum. Begonnen hatte das, als die Ostgoten 538 aus Rom vertrieben wurden. Bis dahin hatte der Bischof von Rom sechzig Jahre lang unter der Herrschaft der „Barbaren" gestanden. Nachdem dieses Hindernis beseitigt war, nahm seine weltliche und religiöse Macht ständig zu. Etwa vom 11. bis 13. Jahrhundert war das mittelalterliche Papsttum auf dem Höhepunkt seiner Macht.

Eingeleitet wurde dieser sagenhafte Aufstieg im Jahre 533, als der in Konstantinopel residierende Kaiser Justinian den damaligen Bischof von Rom, Johannes II., zum Oberhaupt der Kirche ausrief. Den Hintergrund zu dieser Aktion bildeten theologische Auseinandersetzungen.

Der gesamte Schriftwechsel, der mit diesem kaiserlichen Dekret zusammenhängt, wurde als „Corpus Iuris Civilis" zusammengestellt (Buch I, Titel 1,7). Er wurde im Jahre 535 durch Justinians 9. Novelle zu diesem Gesetz bekräftigt und im Jahre 545 in der 131. Novelle erneut bestätigt.

Im Jahre 538 wurde der römische Bischof dank der Truppen des Kaisers in die Lage versetzt, sein Amt als Oberhaupt aller Christen nicht nur auf dem Papier, sondern in Wirklichkeit auszuüben. Ein zusätzlicher Erlaß Justinians im Jahre 555, dem Jahr der endgültigen Niederlage der Ostgoten, festigte sowohl die weltliche als auch die religiöse Autorität des Papsttums. Weil die militärische Befreiung des Papsttums im Jahre 538 das zentrale Ereignis in der Reihe all dieser Geschehnisse war, erscheint es angemessen, den Beginn der „einen Zeit und zwei Zeiten und einer halben" (Daniel 7,25) der päpstlichen Vorherrschaft auf dieses Jahr zu datieren.

Das Ende dieser Zeitspanne kann sogar auf den Tag genau bestimmt werden. Es trat am 15. Februar 1798 ein, als der französische General Berthier Papst Pius VI. absetzte und nach Frankreich ins Exil verbrachte, wo er im Juli 1799 verstarb.

Erst 1801, als Napoleon mit Pius VII. ein Konkordat abschloß, wurden die ersten Anzeichen einer Wiederbelebung des Papsttums sichtbar. Eine Zeitlang schien es so, als habe die Papstkirche 1798 eine „tödliche Wunde" erlitten, aber von diesem Tiefpunkt an hat sie allmählich an Bedeutung und Ansehen in der Welt gewonnen (vgl. Offb 13,3).

## Zusammenfassung

Die für das „kleine Horn" charakteristischen Merkmale, wie sie in Daniel 7 dargestellt werden, können wie folgt zusammengefaßt werden: Erstens erwächst das „kleine Horn" aus dem vierten Tier, das Rom darstellt, und ist daher seinem Wesen nach römisch. Zweitens kommt es auf, nachdem die Teilung des römischen Reichs, dargestellt durch die zehn Hörner, stattgefunden hat. Drittens sollten zuvor drei Hörner ausgerissen werden. Viertens erfüllte diese Macht die Voraussage, daß sie nach bescheidenen Anfängen den Allerhöchsten lästern und anmaßende Behauptungen aufstellen werde. Fünftens hat diese Macht Andersgesinnte verfolgt, was durch verschiedene Kreuzzüge und durch die Inquisition zur Genüge bewiesen ist. Sechstens sollte sich diese Macht auch an Gottes Gesetz vergreifen, vor allem an jenem Teil, der mit einem bestimmten sich wiederholenden Zeitpunkt zu tun hat, was unserer Überzeugung gemäß allein auf den Sabbat zutrifft.

Hinsichtlich des letzten Punktes behauptet die Kirche, daß der Wechsel vom Sabbat zum Sonntag ein Zeichen ihrer Autorität sei. In der 1957er Ausgabe von Peter Geiermanns Konvertiten-Katechismus („Convert Catechism of Catholic Doctrine") heißt es auf Seite 50:

> **Frage**: Welches ist der Sabbattag?
> **Antwort**: Der Samstag ist der Sabbattag.
> **Frage**: Warum feiern wir den Sonntag anstelle des Sabbats?
> **Antwort**: Wir heiligen den Sonntag anstelle des Sabbats, weil die katholische Kirche die Feier des Samstags auf den Sonntag übertragen hat.

Hier wird Mitte des 20. Jahrhunderts eine Behauptung wiederholt, die auf dem Konzil von Trient (1545-1563) als Entgegnung auf die Anschuldigungen durch die protestantische Reformation aufgestellt worden war. Das Konzil stellte damals klar:

Die Kirche Gottes hat es als gut erachtet, die Heiligung und Beobachtung des Sabbats auf den Sonntag zu übertragen. (McHugh and Callan, 402)

Der katholische Historiker V. J. Kelly gibt im Blick auf den Sonntag freimütig zu:

Einige Theologen meinten, daß Gott gleichfalls direkt bestimmt habe, den Sonntag als den Tag der Anbetung im Neuen Bund zu beobachten und daß er selbst ausdrücklich an Stelle des Sabbats den Sonntag eingesetzt hat. Diese Theorie ist heute völlig aufgegeben worden. Jetzt wird allgemein die Ansicht vertreten, daß Gott seiner Kirche die Vollmacht gegeben hat, einen beliebigen Tag oder auch irgendwelche anderen Tage, die sie als geeignet ansieht, als heilige Tage zu bestimmen. Die Kirche wählte den Sonntag, den ersten Tag der Woche, und fügte ihm im Laufe der Zeit weitere Tage als heilige Tage zu. (Kelly, 2)

Und weiter erklärt er:

Die Tatsache jedoch, daß Christus bis zu seinem Tode sowie die Apostel nach seiner Himmelfahrt, zumindest eine Zeitlang, den Sabbat hielten, beweist zur Genüge, daß unser Herr selbst während seines Lebens hier auf Erden nicht den Herrentag an die Stelle des Sabbats gesetzt hat. Statt dessen gab er, wie die meisten zustimmen, seiner Kirche die Vollmacht, jene Tage festzulegen, an denen man auf besondere Weise Gott ehren soll ...
Es ist wohl anzunehmen, daß die Tatsache, daß Christus dem ersten Tag der Woche eine bevorzugte Stellung einräumte, die Apostel und die ersten Christen dahingehend beeinflußte, diesen Tag heilig zu halten, was allmählich dazu geführt hat, daß man den Sabbat völlig durch den Sonntag ersetzte. Es gibt jedoch keinen schlüssigen Beweis, daß die Apostel diesen Wechsel der Tage durch ein ausdrückliches Gebot angeordnet hätten. (Kelly, 2)

Als ein letztes Charakteristikum des „kleinen Horns" erwähnt die Prophezeiung eine bestimmte Zeitspanne für die Ausübung seiner Macht – dreieinhalb „Zeiten". Diese symbolische Zeitspanne erstreckte sich nach dem Jahr-Tag-Prinzip von 538, als Rom von der Herrschaft der Ostgoten befreit wurde, bis zum Jahr 1798, als der Papst gefangengenommen und ins Exil verbracht wurde. Damit war die Autorität des Papsttums untergraben und seiner Macht, zumindest vorübergehend, ein Ende gesetzt worden.

Wenn man in der Geschichte nach einer Macht oder Institution sucht, auf die all diese prophetischen Merkmale zutreffen, bleibt man zwangsläufig bei der römisch-katholischen Kirche hängen. Nur sie entspricht in ihrem Wesen und Verhalten der Symbolik des „kleinen Horns". Um jedem Mißverständnis vorzubeugen, soll an dieser Stelle eindeutig gesagt werden, daß deutlich zwischen einem theologischen Lehrsystem und der Machtzentrale einer Kirche auf der einen Seite und den einzelnen Gliedern dieser Kirche unterschieden werden muß. Nur Gott kennt die Beweggründe des einzelnen und nur er allein kann in den Herzen der Menschen lesen. Wenn er Gericht hält, wird nicht nach Kirchenzugehörigkeit entschieden, sondern danach, ob jemand in seinem Herzen zu Gott gehört hat oder nicht. Im Mittelpunkt der Weissagung Daniels stehen nicht einzelne Christen, sondern es geht um ein religiöses System, das unbiblische theologische Prinzipien übernommen hat, deren Wurzeln in der griechischen Philosophie zu suchen sind. Dieses von der göttlichen Wahrheit abgewichene System ist es, vor dem die Bibel warnt und von dem sich Gottes Kinder trennen sollen (vgl. Offb 18,1-4). Die einzelnen Christen können durchaus mit gutem Gewissen innerhalb einer solchen Kirche oder Gemeinschaft leben, aber wenn sie erkennen, daß sie einen falschen Weg gehen, ist es Zeit, dieser Erkenntnis gemäß zu handeln.

Die Prophezeiung in Daniel 7 erschöpft sich nicht in der Schilderung des Aufstiegs und Niedergangs der Weltreiche. Sie schließt auch nicht mit dem Auflisten der Taten oder Untaten des „kleinen Horns", sondern richtet den Blick der Gläubigen auf das, was danach kommt. Wie dunkel das gezeichnete Bild auch sein mag, Gott hat eine Antwort auf die von der Sünde geprägte Weltgeschichte. Es ist Gottes Antwort, kein menschliches Programm. Am Schluß von Daniel 7 geht es nicht mehr um Tiere und Mächte, sondern um Gottes Eingreifen im Gericht, um das Kommen des Menschensohns und um die Rechtfertigung der Heiligen des Höchsten. Diese Themen passen sehr gut zu den prophetischen Aussagen, die im zweiten Band dieser Danielstudie behandelt werden. Daher werden sie dort breiter dargestellt werden.

## Das Ergebnis

Als Daniel die Prophezeiungen niederschrieb – im 6. Jahrhundert v. Chr. – war außer Babylon noch keines der anderen Reiche auf der weltgeschichtlichen Bühne erschienen.

In der Rückschau wird deutlich, daß sich die uralten Prophezeiungen präzise erfüllt haben. Es gab vier große Reiche, die den Mittelmeerraum beherrschten – nur vier und nicht zwei oder drei oder fünf oder sieben!

Jede dieser im prophetischen Wort angekündigten Mächte findet sich in der Weltgeschichte tatsächlich wieder und weist genau die charakteristischen Merkmale auf, die in der Weissagung beschrieben wurden. Auch das „kleine Horn" erschien wie vorausgesagt, indem sich aus den Trümmern des römischen Imperiums das mittelalterliche Papsttum entwickelte. Und es agierte in der ihm zugemessenen Zeitspanne genau so, wie Daniel es anderthalb Jahrtausende zuvor beschrieben hat. Aber in Daniel 7 ist nicht nur von irdischen Geschichtsabläufen die Rede, sondern auch von Gottes unsichtbarem Handeln. Er sieht nämlich dem Treiben der weltlichen und religiösen Mächte nicht tatenlos zu.

Gemäß der Prophetie würde Gott kurz nach Ablauf der erwähnten Zeitspanne mit seinem Gericht als Antwort auf die Entwicklung dieser Mächte beginnen (7,22.26). Er zieht sie für ihr Tun zur Verantwortung. Und wie sich die geschichtlichen Voraussagen erfüllt haben, so ist es auch mit dem Gericht Gottes und der Aufrichtung seines Reiches.

Das durch Tiere und Hörner veranschaulichte Auftreten der irdischen Mächte liefert den Rahmen für Gottes letztes und entscheidendes Handeln in der Geschichte. Eine Möglichkeit, biblische Sachverhalte tiefer zu ergründen, besteht darin, nach Schlüsselbegriffen zu suchen, d. h. nach Wörtern, die in einem Abschnitt oder Kapitel immer wieder auftauchen. In Daniel 7 heißt das Schlüsselwort „Macht". Es wird siebenmal (Verse 6.12.14.26.27) benutzt und weist so in eine ganz bestimmte Richtung. Im Blick auf die von Menschen geschaffenen politischen Gebilde ist „Macht" ziemlich unbeständig. Babylon besaß sie für eine Weile, verlor sie dann aber an Persien. Persien behielt sie etwas länger, mußte sie aber schließlich an Griechenland abtreten. Wie stark Griechenland unter Alexander dem Großen auch erscheinen mochte, es verlor die Herrschaft an Rom. Die Herrschaft Roms schien für die Ewigkeit gesichert zu sein, doch selbst dieses Reich konnte sich nicht auf Dauer an der Macht halten. Ähnlich erging es dem religiösen Rom, das im 12. Jahrhundert in Form der Papstkirche über eine schier unumschränkte Machtfülle verfügte. Doch auch diese Macht erlebte einen Einbruch.

Die Geschichte dieser Welt ist ein Kommen und Gehen von Machthabern und Mächten, die immer nur ihren eigenen Nutzen im Auge hatten. Da kann man sich schon fragen: Ist das alles, was die Menschheit zu erwarten hat? Wird das immer so weitergehen?

Gottes Antwort lautet: Nein! Es kommt die Zeit, da wird Gott sein Reich aufrichten. Und dieses Reich wird sich von allem unterscheiden, was jemals vorher gewesen ist (Vers 27). Es wird anders sein, weil es auf Liebe, Gerechtigkeit und Barmherzigkeit gegründet ist. Und es unterscheidet sich von den irdischen Reichen dadurch, daß es ewig besteht. Daher wird der Begriff Macht in Daniel 7 *unterschiedlich* gebraucht.

Die Macht menschlicher Regierungen ist begrenzt und vergänglich. Die Macht bzw. das Reich Gottes dagegen besteht in alle Ewigkeit. Das ist eine ermutigende Zusage! Und Gottes Reich kommt bald, denn wir haben fast das Ende der prophetischen Linie erreicht, die in diesem Kapitel aufgezeigt wurde.

Daniel 7 ist die Nahtstelle zwischen dem mehr geschichtlichen und dem vorwiegend apokalyptisch-prophetischen Teil des Buches. Einerseits enthält es selbst wie der Rest des Buches hauptsächlich Prophetie. Andererseits aber ist es doch eng mit dem vorwiegend geschichtlichen Teil verwoben, sowohl durch die aramäische Sprache als auch durch seinen Platz in diesem chiastisch aufgebauten Teil des Buches.

Nachdem das Studium dieses Teils nun abgeschlossen ist, kann es hilfreich sein, sich den auf den Seiten 36-38 dargestellten Aufbau noch einmal bewußt zu machen. Schon vom Aufbau her wird deutlich, was auch den Inhalt betrifft: Daniel 2 und 7 ergänzen einander. Daniel 7 ist tatsächlich eine eingehendere Darstellung dessen, was schon in Daniel 2 als Grundriß vorliegt.

An dieser Stelle schließen wir das Studium der ersten Hälfte des Buches Daniel ab, allerdings ohne auf den Schluß von Kapitel 7 eingegangen zu sein. Der ist für den zweiten Band in dieser Studienreihe vorgesehen.

## 📖 Anwendung

### Daniel 2 und 7

1. *Was bedeutet es für mich, daß Gott den Verlauf der Geschichte fest in der Hand hat? Welche praktischen Konsequenzen ziehe ich daraus?*
2. *Inwiefern stärken diese Kapitel meine Wiederkunftserwartung? Wie wirkt sich das im Alltag aus? Hat meine Wiederkunftserwartung in den letzten Jahren zugenommen oder eher abgenommen? Worin liegt das begründet?*
3. *Erscheint mir die in den beiden Kapiteln skizzierte Geschichte als Wirklichkeit oder Theorie? Inwiefern könnte mein Leben ein Teil dieses Plans der Geschichte sein?*
4. *Inwiefern beleuchtet Daniel 7 die Kernpunkte im Konflikt zwischen Gott und Satan? Wie werden einige dieser Kernpunkte dargestellt? Auf welcher Seite stehe ich aufgrund meines täglichen Lebens? Woran*

*zeigt es sich, ob jemand auf Gottes Seite oder auf der des Widersachers steht? Was müßte sich bei mir ändern? Wie kann das geschehen?*

## VERTIEFUNG

1. *Vergleiche das Tier aus dem Meer in Offenbarung 13 mit Daniel 7. Notiere dir alle symbolischen Verbindungen zwischen beiden Kapiteln. Welchen der Symbole in Daniel 7 entspricht das Meertier aus Offenbarung 13? Vergleiche dies in zwei parallelen Spalten. Welche Information bezüglich des Meertiers kann helfen, unser Verständnis der entsprechenden Macht in Daniel 7 zu vervollständigen?*

2. *Schlage mit Hilfe einer Konkordanz alle Bibelstellen in Daniel und der Offenbarung nach, in denen die Begriffe 1260 Tage, dreieinhalb Zeiten und 42 Monate vorkommen. Was fügen diese Texte dem Verständnis des Symbols in Daniel 7 hinzu?*

3. *Vergleiche die charakteristischen Merkmale des „kleinen Horns" mit denen in Kapitel 8. Beziehen sich beide Kapitel auf dieselbe Macht? Trage in dein Merkheft die Gründe für deine Schlußfolgerungen ein.*

4. *Verfolge durch Kapitel 7 Daniels persönliche Erfahrung als Prophet. Wann sah er die Vision und wo hört die Vision auf? Wann sprach er mit dem begleitenden Engel und wann sprach der zu ihm? Wie oft ging diese Diskussion zwischen ihnen hin und her? Was lernst du daraus über die Art und Weise, wie Propheten Informationen von Gott erhielten und wie die prophetische Gabe funktionierte?*

## WEITERFÜHRENDE LITERATUR

1. Um die Geschichte zu erforschen, die zum Aufstieg und Niedergang Babylons, Medo-Persiens, Griechenlands und Roms führte, beschäftige dich mit den entsprechenden Abschnitten in einer einschlägigen deutschen Weltgeschichte oder Nachschlagewerken wie dem „Brockhaus".

2. Zum Zerfall des Alexanderreichs vgl. bei F. D. Nichol (Hg.), „The SDA Bible Commentary", Bd. 4, S. 823-826.

3. Zur Auslegung der 1260 prophetischen Tage (dreieinhalb Zeiten) vgl. die Dokumentation bei L. E. Froom, in „Prophetic Faith of Our Fathers" (besonders die letzten Abschnitte von Bd. 2).

4. Eine detailliertere Darstellung der Auslegung von Daniel 7 bietet C. Mervyn Maxwell, „God Cares", Bd. 1, S. 109-143.

# Anhang

# Literaturverzeichnis

Blenkinsopp, Joseph, „A History of Prophecy in Israel", Philadelphia, Westminster, 1983.

Chiera, Edward, „They Wrote on Clay", Phoenix paperback ed. Chicago, University of Chicago, 1956.

Comba, Emilio, „History of the Waldenses in Italy", London, Truslove and Shirley, 1889.

de Liguori, Alphonses, „Dignity and Duties of the Priest"; oder „Selva", Brooklyn, N. Y., Redemptionist Fathers, 1927.

Froom, Leroy Edwin: „The Prophetic Faith of Our Fathers", 4 Bände, Washington, D. C., „Review and Herald", 1946-1954.

Geiermann, Peter, „Convert's Catechism of Catholic Doctrine", St. Louis, Herder, 1957.

Hasel, Gerhard F, „Interpretation of the Chronology of the Seventy Weeks" in „The Seventy Weeks, Leviticus, and the Nature of Prophecy", herausgegeben von Frank Holbrook, Daniel and Revelation Committee Series, Bd. 3, Washington, D. C., General Conference of Seventh-day Adventists, 1986.

Herodotus, „Das Geschichtswerk" (Aus d. Griech. Übers. von Theodor Braun. Die Übers. wurde bearb. von Hannelore Barth. Einl. von Hans-Joachim Diesner. Anm. von Hannelore Barth), 2. Aufl., Berlin, Aufbau-Verl., 1985

Heschel, Abraham J., „The Prophets". 2 Bände, New York, Harper, 1962.

Holbrook, Frank, ed. „Symposium on Daniel", Daniel and Revelation Committee Series, Bd. 2, Washington, D. C., Biblical Researche Institute, General Conference of Seventh-day Adventists, 1986.

Holbrook, Frank, ed. „The Seventy Weeks, Leviticus, and the Nature of Prophecy", Daniel and Revelation Committee Series, Bd. 3, Washington, D. C., Biblical Researche Institute, General Conference of Seventh-day Adventists, 1986.

Horn, Siegfried H. „Auf den Spuren alter Völker" (Saatkorn-Verlag, Hamburg, 1986, 2. Aufl.).

„New Light on Nebuchadnezzar's Madness", in „Ministry", April 1978, 38-40.

u. a. „Seventh-day Adventist Bible Commentary", revidierte Ausgabe, herausgegeben von Raymond H. Woolsey, Hagerstown, Md., Review and Herald, 1979.

Horn, Siegfried H. und Lynn H. Wood, „Die Chronologie von Esra 7", Wegweiser-Verlag, Wien, 1995.

James, Edward, „The Franks", Oxford, Basil-Blackwell, 1988.

„Jerome's Commentary on Daniel", übersetzt von Gleason L. Archer, Grand Rapids, Mich., Baker, 1958.

Kelly, V. J., „Forbidden Sunday and Feast-Day Occupations", Washington, D. C., Catholic University of America, 1943.

Kenyon, Kathleen, „Royal Cities of the Old Testament", London, Barrie and Jenkins, 1971.

Kingdom, Robert M., „Myths About the St. Bartolomew's Day Massacres, 1572-1576", Cambridge, Harvard University, 1988.

Ladurie, Emmanuel Leroy, „Montaillou: The Promised Land of Terror", übersetzt von Barbara Bray, New York, Vintage, 1979.

Lecky, W. E. H., „History of the Rise and Influence of the Spirit of Rationalism in Europe", Neudruck, New York, G. Braziller, 1955.

McHugh, J. A. und C. J. Callan, „Catechism of the Council of Trent for Parish Priests", New York, Wagner, 1958.

Maxwell, C. Mervyn, „God Cares", Bd. 1, Boise, Idaho, Pacific Press, 1981.

Mayer, Hans Eberhard, „Die Geschichte der Kreuzzüge", 8., verb. und erw. Aufl., Stuttgart [u. a.], Kohlhammer, 1995

Neugebauer, Otto E., „Vorlesungen über Geschichte der antiken mathematischen Wissenschaften", Berlin, Springer, 1969

Nichol, Francis D., ed. „Seventh-day Adventist Bible Commentary", revidierte Ausgabe, 7 Bände, Hagerstown, Md., Review and Herald, 1976-1980.

O'Brien, John A., „Der Glaube der Millionen: Die Beweise der katholischen Religion", Aschaffenburg, Pattloch, 1951

Polybius, „Geschichte", Gesamtausgabe in zwei Bänden, eingeleitet und übertr. von Hans Drexler, Zürich [u. a.], Artemis Verl., 1961

Roux, Georges, „Ancient Iraq", 3. Auflage, New York, Wiking Penguin, 1993.

Saggs, H. W. F., „The Greatness That Was Babylon", New York, Hawthorn, 1962.

Seilhammer, H. F., „Prophets and Prophecy", Philadelphia, 1977.

Shea, William H., „Selected Studies in Prophetic Interpretation", 2. Aufl., Daniel and Revelation Committee Series, Bd. 1, Silver Spring, Md., Biblical Research Institute, General Conference of Seventh-day Adventists, 1992.

„Daniel 3: Extra-Biblical Texts and the Convocation on the Plain of Dura", Andrews University Seminary Studies, Bd. 20 (1982), 1,29-52.

„Darius the Mede: An Update", Andrews University Seminary Studies, Bd. 20 (1982) 3,229-248.

„Darius the Mede in His Persian-Babylonian Setting", Andrews University Seminary Studies, Bd. 29 (1991), 3,235-257.

Smith, Uriah, „Thoughts on Daniel", Nashville, Southern Publishing Association, 1944.

Strand, Kenneth, „Interpreting the Book of Revelation", 2. Aufl., Naples, Fl., Ann Arbor Publishers, 1979.

Wiseman, Donald J., „Chronicles of Chaldean Kings", London, British Museum, 1956.

u. a. „Notes on Some Problems in the Book of Daniel", London, Tyndale, 1965.

Whitcomb, John C., „Darius the Mede", Grand Rapids, Mich., Eerdmans, 1959.

White, Ellen G., „Der große Kampf", Saatkorn-Verlag, Hamburg, 1982.

„Patriarchen und Propheten", Saatkorn-Verlag, Hamburg, 1973.

„Propheten und Könige", Saatkorn-Verlag, Hamburg, 1983.

Xenophon, „Xenophons Cyropaedie", aufs neue übers. und durch Anm. erläut. von H. Doerner, Berlin, Langenscheid, 1907